*You create your own reality.*

每 天 的 生 活 ， 都 是 靈 魂 的 精 心 創 造

許醫師作品 48

# 美麗心世界

口述——許添盛
執筆——齊世芳
總編輯——李佳穎
責任編輯——張郁琦
校對——謝惠鈴
美術設計——唐壽南
版面構成——黃鳳君
封面及內頁攝影——胡凱閎（IG: k3lvinch）
發行人——許添盛
出版發行——賽斯文化事業有限公司
地址——新北市新店區中央七街 26 號 4 樓
電話——22196629
傳真——22193778
郵撥——50044421
版權部——李宜懃、馬心怡
數位出版部——李志峯
行銷業務部——楊婉慈
網路行銷部——高心怡
法律顧問——北辰著作權事務所
印刷——鴻柏印刷事業股份有限公司
總經銷——大和書報圖書股份有限公司
地址——新北市新莊區五工五路 2 號
電話——8990-2588　傳真——2299-7900
2025 年 5 月 1 日　初版一刷
售價新台幣 400 元（缺頁或破損的書，請寄回更換）

ISBN 978-626-7332-99-3
賽斯文化網站 http://www.sethtaiwan.com

# What a Beautiful World of Heart

# 美麗心世界

許添盛醫師◎口述
齊世芳◎執筆

# 關於賽斯文化

發行人 許添盛醫師

我是個腳踏實地的理想主義者。賽斯文化，是為了推廣賽斯心法及身心靈健康理念而成立的文化事業，希望透過理性與感性層面，召喚出人類心靈的「愛、智慧、內在感官及創造力」，讓每位接觸我們的讀者，具體感受「每天的生活，都是靈魂的精心創造」（You create your own reality）。我們計畫出版符合新時代賽斯精神之書籍、有聲書、影音商品及生活用品，並提攜新進的身心靈作家，致力於賽斯思想及身心靈健康觀念的推廣，期待與大家攜手共創身心靈健康新文明。

# 美麗心世界
What a Beautiful World of Heart

## 目錄

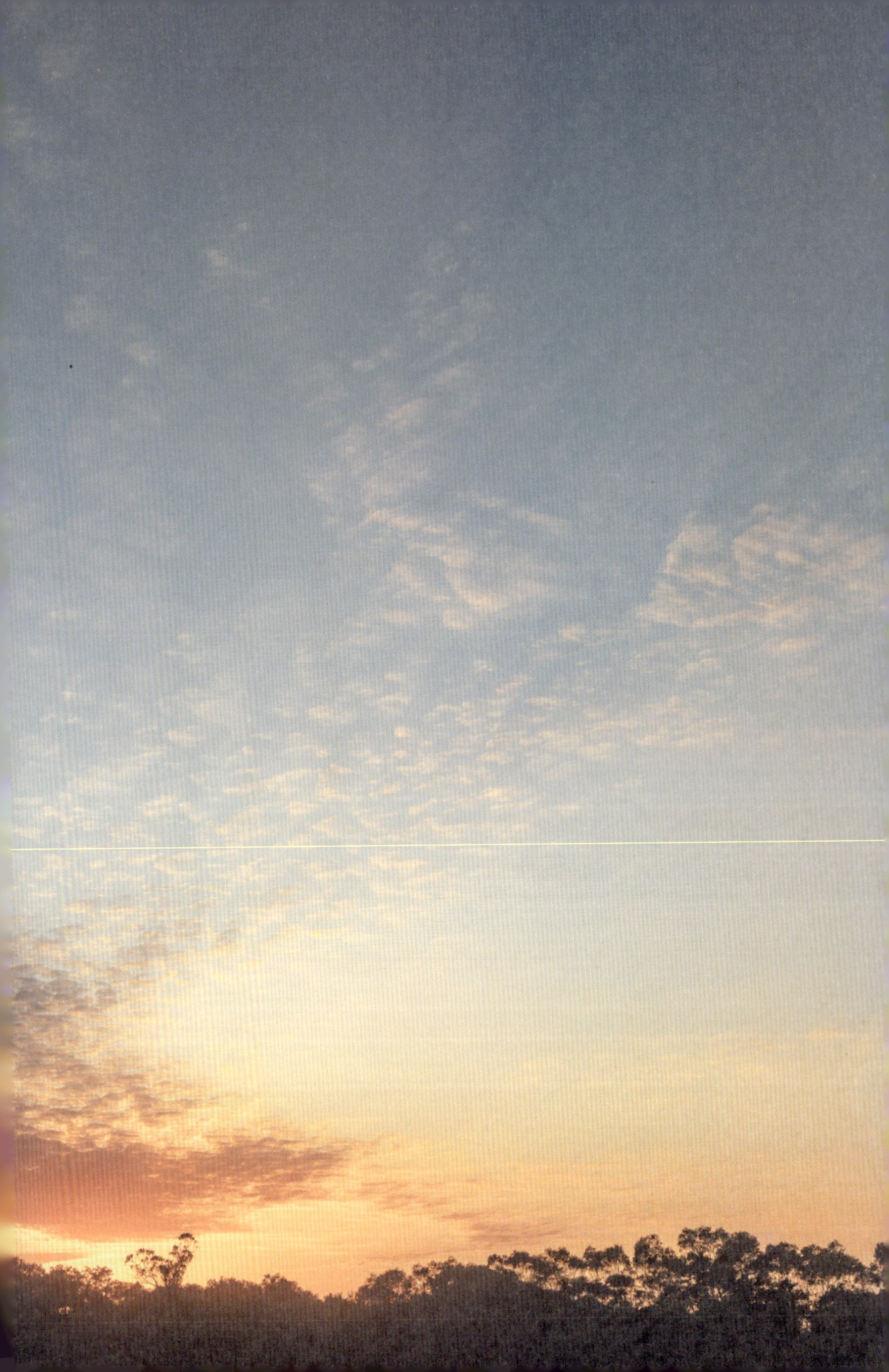

# Chapter 1
# 分享

## 給得愈多就擁有愈多

說出你的感覺，別人不一定了解，也可能產生誤會，但你不說出來，別人永遠沒有機會了解你。唯有說出心裡話，才不會有隔閡、才能更靠近，也才能感受到彼此的愛，若沒有心靈上的交流，只是一再假裝什麼事都沒有，那只會讓你和對方離得愈來愈遠。

幾年前，我們基金會頒發「大專青年獎學金」時，很多受獎的大專青年提到他們會接觸到賽斯心法，通常是透過兩種管道：一是父母，他們的父母有閱讀賽斯思想相關書籍或聽賽斯有聲書的習慣，間接使得他們持續接觸賽斯思想；二是學校的社團活動，有些大專生是因為加入學校的賽斯思想研究社，才開始認識賽斯，進而深入了解賽斯思想。

我記得有位醫學系的大一生說：「我剛開始接觸賽斯思想社團時，以為那是什麼怪力亂神的邪教團體呢！」直到他慢慢了解後，才逐漸從中找到歸屬感，而且團員們對他的關懷，是他從來不曾感受過的，以及社內那種自由自在的氛圍，讓他每次參加社團都覺得很開心。

還有一位女大專生的得獎論文提到，她爸爸是賽斯家族成員，有一次她和爸爸開車載著單車到合歡山，然後她再騎單車下山，沒想到她在路上遇到的每個人都誇她厲害，幫她加油打氣，弄得她一頭霧水，後來才搞清楚，原來他們以為她是騎單車上山再騎下山的，完全不了解賽斯思想的精神之一就是「輕鬆不費力」。

雖然這只是個小笑話，但看到賽斯家族成員們開心地生活著，我真的覺得很欣慰。在我看來，我們基金會一直是個鬆散的組織，對任何人都是來者不拒、去者不留，看似懶惰，但其實自有一套「隨緣」的章法，每個人都有一股自動自發的精神，將自己的角色扮演得恰如其分，為了實現自己的理想而做。我衷心希望賽斯思想和身心靈觀念能在各大專院校札根，在這些年輕人未出社會前或迷失自我時，能找到心靈的指引。

現在很多大學生對生命充滿了迷惘，就讀名校的學生終日活在競爭之中，二、三流學校的學生則覺得自己前途堪憂，因為許多名校畢業的學生，出了社會都只拿到二萬多的薪水，那普通學校畢業的學生每個月又能領到多少？為人父母者都很擔心這一點，才會有那麼多人想幫助孩子們找回自己的力量。

一般來說，年紀愈小的孩子，心靈的力量愈容易被啟發，因為他們還未被成長過程中接收到的思想、觀念、教育所綑綁。一個人創造力最強的時期就是念小學之前，因為那時心靈很純淨，還沒被塞進過多的知識與執著，反倒是念了小學之後，知識開始增長，創造力卻相形減弱了。

人生本來就是一場又一場的冒險，如今我們下一代的未來更是充滿危險，所以賽斯基金會的使命之一就是：將身心靈觀念推廣到年輕族群，希望他們能更早接觸到這些觀念，正向積極地面對未來的人生。

聽過我的演講或有聲書的人都知道，我講的賽斯思想從來不是指導型或命令式的，因為我不是想告訴你什麼是對的、什麼是真理，而是一起研究討論，給大家一些啟發式的概念，因為宇宙的真理和人生的答案，都不是別人給的，和尚、尼姑、牧師、神父給不了，就連賽斯也給不了，因為他們不是提供你人生答案的人，而是從旁協助你探尋人生答案的指引者。

賽斯在《靈魂永生》一書中提到，想得到方便答案的人，不要期望他會提供答案，而是得自己去找，因為賽斯不是有問必答，他也不想給人速成式的答案，生命的答案需要每個人自己去追尋、品味。

這個看法跟很多修行法門與傳統宗教不同，不需要你去追隨什麼大師，或以大師的思想言論為待人處世的準則，賽斯從不以偶像自居，他只是告訴你，你是個具有神性與佛性的實習神明，引導你找回自己的力量，讓你更有信心面對困境與挑戰，這也是賽斯思想的精髓之一。

## 懂得分享，反而得到更多

許多人在學習賽斯心法的過程中，會看到很多不同的可能性，例如有位學員是做生意的，原本他只是個普通的商人，但自從他學習賽斯心法後，便將它應用在他的生意、合作夥伴、客戶之間。

後來他發現：「我以前做生意的時候，經常在算計損益得失，計較誰賺得多、擔心自己會吃虧等等，所以做生意做得很累。但現在我改變了心態，不再錙銖必較，凡事都習慣與人分享，生意反而變好了，真的很奇妙。」

我在《許你一個耶穌》一書中，解釋了很多基督教被誤解的觀念，一九四七年出土的文物《死海古卷》（*Dead Sea Scrolls*，或稱《死海經卷》、《死海書卷》、《死海文書》），是目前最古老的希伯來《聖經》抄本，其中提到：耶穌本人曾經提過轉世觀念，但因當年有許多異端邪說都強調轉世之說，基督徒為了與其他宗教做區隔，便刪除了教義中的轉世之說。耶穌甚至也提過同性戀，並且認可同性戀，但如此前衛的觀念在兩千年前根本無法被世人接受，自然也在刪除之列。

此外，我在《許你一個耶穌》中還講到「五餅二魚」的例子，有一回耶穌在山上講道，由於山上沒有食物，到了晚上教徒們肚子都餓了，便互相詢問有沒有人帶了食物。此時有人將自己裝了食物的提袋交給耶穌，但袋中只有五張餅和兩條魚，可現場有上千人，這五餅二魚根本就不夠所有人吃。

結果耶穌拿著袋子開始分送食物，那袋子彷彿是個百寶袋，竟不斷生出餅和魚來，當場成了食物複製機，最終每個人都拿到了食物，這五餅二魚就這樣餵飽了上千人的肚子。這則故事在《聖經》中非常有名，也是耶穌神通能力的展示，聽起來很不可思議，很像是在洗腦教徒的虛構故事吧？

但如果你問我相不相信，那麼身為一個受過科學訓練的現代醫生，我卻要說：「不好意思，我是相信的。」因為宇宙中本來就有很多我們不了解的事物，而能量可以形成物質，像耶穌這樣胸懷大愛之人，擁有強大的能量，對眾生充滿慈悲之心，自然可能創造出這樣的實相。

## 認為地球資源有限，乃是源於對匱乏的恐懼

近年來美國和日本開始從油頁岩中提取石油，油頁岩是一種富含石油的岩層，但由於過去提取石油的成本較高、技術也不夠先進，所以不是提取石油的首選。然而隨著油價上漲，加上石油開採技術的進步，美日兩國便把主意打到油頁岩上了。以前美國經濟受阿拉伯世界的油價影響極大，但未來美國的石油很可能自給自足，再也不用看中東產油國家的臉色。

你可能會說：「就算有油頁岩可提取石油，但油頁岩數量有限，總有用完的一天，人類還是會面臨石油危機啊。」沒錯，油頁岩的數量確實有限，將來這個世界還是可能陷入你爭我奪的窘境，所以人類如果不打開自己的心靈，盡可能地與人分享資源與能量，那麼你爭我奪的結果很可能是：人人沒飯吃，集體餓死也是早晚的事。既有的歷史早已告訴過我們這些悲劇了。

我前陣子聽到一個有趣的訊息，全球智慧型手機持有率最高的地方竟是非洲。非洲有十億人口，卻擁有六．五億支手機，幾乎人手一機，一個大部分是貧瘠國家的大陸，竟有如此豐盛的資源，簡直令人不敢置信。但我相信當人類的心靈變得開闊，新的能量就會出現，或許純樸的非洲人心靈是開闊的，所以新的能量才會流向了當地，畢竟地球本來就是個心靈的訓練場。

賽斯曾經說過，耶穌和佛陀一樣，都是有大神通的人，一個人的愛愈多、心量愈大，並樂於與人分享的話，他得到的也會愈多。這個觀念與我們過去所學的相左，明明把錢拿出去，自己的錢就會變少，怎麼會變多？把錢拿去買車，就不夠買房子，把錢借給別人，自己沒錢花，這不是理所當然嗎？怎麼可能分享得愈多，擁有的就愈多呢？這根本不科學、不合邏輯嘛！

一般人都認為「物質和能量都是有限的」，給出去自己就沒有了，那麼我問你：「你覺得愛是有限的，還是無限的？」我個人的答案是：「愛既有限也無限。」當你愛得辛苦、愛得很累，不斷付出卻得不到回報，心裡感到不平衡時，你的愛就會枯竭，此時愛是有限的。但是當你內在平衡自在時，你的愛可以源源不絕，此時的愛自然就是無限的。

能量如此，那物質呢？多數人都覺得物質是有限的，但會這麼想是源自於內心的恐懼，害怕失去、用盡、一無所有，所以會想守護自己擁有的，然而這就跟「手中握沙」的道理一樣，當你用力握緊手中沙時，沙子只會流失得更快，可若是想保有沙子，只要攤平手掌，讓其他人也可以觀賞沙之美，你就可以一直保有手中沙。愛與能量如此，物質亦是如此，懂得分享，不再獨自緊握，就能享有愛、能量與物質的交流。

而認為物質有限，害怕分出去就會減少，乃至於一無所有，這不僅是恐懼，也是一種匱乏感，所以人們才會築起高高的心牆，不讓自己擁有的物質被奪走，然而圍住自己的心牆一旦高築，不但自己出不去，愛與物質的能量也進不來了。

賽斯心法的重要理念之一即是「信念創造實相」，你有什麼樣的心境、態度、高度，就會過著與其相應的人生。你一定曾在公司裡見過一種人，他們做事總是斤斤計較、為人小氣又刻薄，一旦他們在工作上出了問題，根本沒人願意幫助他。你一定也不想成為這種人吧？

我也常祈求上帝和宇宙：「如果你們希望我給出愈多，請給我更多，這樣我才有愈多的豐盛可以分享給更多人。」我要你樂於分享，並不是一種道德綁架，也不是藉修行之名，將來才能開悟成佛什麼的，這不是賽斯心法的訴求。賽斯家族中沒有什麼聖人，只有一個又一個的實習神明。

當你願意分享物質、分享愛，那麼你得到的不止是來自別人回報，你的內我還會給你愈多，提供你源源不絕愛的能量，神佛、上帝和宇宙都喜歡懂得分享的人，你喜歡與人分享的心念，會讓宇宙想要給你更多。

因為宇宙不止想讓你過得好，更想透過你的手、你的生命，帶給這個世界更多的豐盛，讓更多人過得愈來愈好，於是你就成了宇宙愛的媒介，擁有數不盡的資源。所以，你願意當這個媒介嗎？

## 賽斯的《早期課》和《私人課》精采又有趣

說實在的，賽斯書並不好懂，即使研讀賽斯書多年的我，也會有看不懂的時候，甚至時常被它的內容吸進去，一被吸進去之後，就會開始想睡覺，書自然也看不成了。但賽斯《早期課》卻是很有趣的系列書，談及了賽斯最早是怎麼出現的、怎麼跟魯柏和約瑟結緣，又是如何開展這些年來賽斯資料的傳述，肯定不會讓你看到想睡覺。

話說賽斯剛出現時，約瑟對賽斯很好奇，常會問他一堆有的沒的，有好些段落都引我深思。譬如書中有一段寫到約瑟問賽斯：「請問地球自生成以來，讓陸地沉沒又上升的地殼變動，發生過幾次？」賽斯回答：「無數次。」約瑟又問：「那下一次地殼變動會從什麼時候開始？」賽斯說：「公元兩千年開始。」

但是你放心，賽斯說過沒有世界末日這回事，人類不會滅絕，但人類世界的確會有重大變動。但這個重大變動並不可怕，而是重要又必須的，否則人類無法開展新的文明，因為沒有變化，就沒有創新。

所以公元兩千年地球板塊開始運動時，已經創造出一個嶄新的未來了，但我常跟學員說：「你們別擔心什麼板塊變動了，先擔心自己的人生變動吧！」因為每個人都有自己的心靈板塊，心靈板塊一旦起了變動，人生就會跟著改變。而你能否在這些人生板塊的變動中，找到新的契機與起點，然後重新再出發，才是重點所在。

一九六三年時，約瑟又問賽斯：「接下來這個世界會有什麼重大的變化？」賽斯回說：「中國的牆會倒下。」賽斯的意思是：中國大陸即將開放，屆時會有大量的物資輸出。從現在的時間回頭去看賽斯當年說的話，是件很過癮的事，因為賽斯所有的預言都一一應驗了。

賽斯文化出版《早期課》共有九冊，每冊都很有趣，此外，還有賽斯的《私人課》，那就更精采了，例如賽斯在書中曾自詡：「我是一個非常好的治療師。」當他在分析魯柏和約瑟的內心世界或夫妻關係時，簡直比一流的身心科醫生或治療師分析得還好，這些精采內容你當然不能錯過。

## 真正的健康源自心靈和情緒的安定

賽斯不但是個極佳的心理治療師，也是個懂得治療身體的好醫生，只要讀一讀賽斯的《健康之道》就知道了。記得有一年，我在慈濟人醫會上演講時，跟台下的慈濟醫生說：「你們當醫生的，一定要看賽斯的《健康之道》！」若不是怕走不出會場大門，我都想說：「你們要是沒看過《健康之道》，就不能算是真正的醫生，醫師執照可以直接還給國家了。」

我的意思是，如果你沒看過《健康之道》，就不明白什麼是健康的真義，而可能永遠都在追求健康的表相，然後規定自己一定要吃什麼、用什麼、怎麼過日子，卻從不知道一個人的健康源於心靈和情緒的安定。

舉例來說，思覺失調（精神分裂症）是精神疾病中最難醫治的一種，患者幾乎都必須吃藥，你去問任何一家醫院的身心科，有沒有在幫思覺失調患者做心理治療的，應該不會有一家醫院跟你說「有」，因為他們不清楚思覺失調的機轉，幾乎只能以藥物治療或支持療法為主。

思覺失調患者當然需要做心理治療，更需要有人教導他們身心靈觀念，所以我在進行治療時，經常會帶入賽斯心法的各種健康觀念。

其實每個人都有很多個「自己」，你可能有個「自己」想退休，有個「自己」想繼續工作；有個「自己」想一次領完退休金，因為怕哪天勞保局倒了，你會血本無歸；有個「自己」想月領退休金，因為一次領可能會損失太大……於是你的「自己」們總在不斷爭執，個個都想成為那個做出最後決定的你。

我記得賽斯在《健康之道》中，有個章節〈你、你、你，和你。活在自相矛盾中〉，當一個人的人格結構中，有兩股強大且互不相容的對立力量時，可能會導致次要人格的出現。一般來說，主要人格多半是負責盡職、吃苦耐勞、表現良好的人格，次要人格則往往是那個想逃避責任、眼高手低、不想工作的人格。

而思覺失調就是：患者的主要人格被次要人格取代了。次要人格通常是比較不成熟的，所以很多患者發病後，功課可能會開始退步，社交能力開始退化，還會封閉自己，開始走不出家門，接著幻聽、妄想什麼都來了。

如果你不了解次要人格的運作模式，就無法輔導思覺失調患者，偏偏懂得這個機轉的人不多，全世界能治好思覺失調患者的醫生屈指可數，頂多只能給予患者支持性治療，而給不了有精神動力學傾向的治療。

記得有一次我在治療一個思覺失調患者時，跟他說：「你的主要人格被次要人格取代了，所以你可能會退化、會思緒混亂、有幻聽、有妄想，你會出不了門、無法正常生活，如果你不想要這樣活著，那就別讓你的次要人格取代主要人格。」

對方一聽就來了興趣：「原來我會生這種病，是因為我被取代了。」我說：「對，你被取代了，你被一個想逃避現實、不負責任、害怕被罵、相信你沒有用的自己所取代了。只要你一想逃避現實，你就會發病，但其實你可以不讓自己發病的，只要你別讓那個愛逃避的自己取代你就好。」

不要以為思覺失調患者不知道自己生病了，他們潛意識裡是知道這件事的，而且他們內在某個部分很清楚自己正在逃避，只是表面上他們不願承認自己在逃避，也不承認自己有病。

有一次我告訴一位個案：「我可以認同你沒有病，但你得面對你在『逃避現實』這件事吧？」個案聽了之後承認：「是的，我是在逃避。」過去他只要遇到解決不了的問題，就會不斷逃避，久了之後，他就生病了，才會成為如今的思覺失調患者。

## 面對現實承擔責任，就能找回自己的力量

過去很多精神疾病患者被誤會是在裝病，其實他們是真的生病，但他們同時也在「裝病」，因為潛意識裡選擇了逃避，不肯面對現實、為自己的人生負責。還記得十幾年前台灣有部很賣座電影《海角七號》嗎？電影裡有個郵差每天都要送很多信，多到他送不完，最後他沒辦法，只好把信都裝進麻布袋，堆到地下室去，這就是一個活生生的逃避現實案例。

還有些酗酒者天天喝酒，喝到最後產生腦神經病變，而出現了酒精性的癡呆與退化。他們共同的酗酒原因幾乎都是在「逃避」，不肯面對自己的人生，因為他們對現狀無能為力。

所以我在治療精神疾病患者時，都會鼓勵他們：「你要試著去面對現實、負起責任，做得好不好再說。只要你開始『不逃避』，你的病就會慢慢好起來。」

雖說如此，但賽斯心法認為，就算「逃避」也沒關係，你可以一邊擔心恐懼，一邊告訴自己「我願意面對」，因為無論人生如何地不堪，只要你願意面對，就開始有力量了。

同樣的道理，你只要開始逃避，不管是逃避某個人、逃避工作、逃避壓力、逃避感情、逃避婚姻、逃避你應有的角色，那麼不但問題無法解決，你也會逐漸失去力量。

無論你現在的人生如何、表現得好不好，都要告訴自己「我不再逃避，我選擇面對一切」。有人就問我了：「可是許醫師，我不知道怎麼面對、也不知道接下來要做什麼，那怎麼辦？」其實那不重要，你不需要知道具體怎麼面對，只需要在心理上做出這個決定就好。

## 不再逃避，勇敢說出心裡話

我希望人們不止在心靈上有所成長，更期待人們能將賽斯心法帶進自己的家庭、學校或公司。我的意思不是要你買賽斯書或有聲書去送周遭人，而是要你在情感上不再封閉。如果你正在逃避你的家人、同學或同事，不再跟他們說真心話，只說表面敷衍的話，甚至不跟對方說話了，都請停止逃避，試著把心打開，勇敢地面對他們吧！

賽斯心法教導人們去覺察自己內心的感受，無論是開心歡喜，還是悲傷痛苦、委屈難過的都行。例如，你的家人曾說過什麼話、做過什麼事，讓你覺得很受傷，而又不敢跟對方說清楚，最後你選擇了逃避。雖然你們看起來還是家人、還是夫妻、還是親子，但你們之間開始有了距離，不再溝通彼此間的感受了。

而我要你做的，就是去覺察你自己的感受，如果你連自己的感受都察覺不了，跟自己如此疏離，又怎麼可能認識自己？這樣的你只會愈來愈孤單寂寞。

你可能會說：「我都跟我自己在一起這麼久了，怎麼可能不認識自己？不知道自己在想什麼？」那還真是不一定，有人是真的一再忽略自己的感受，甚至是有意識地在逃避自己的感覺，畢竟這世上什麼樣的人都有。

所以請對自己說：「我願意回來面對自己內心的感受。」其次，你要開始去表達、分享、與人交流，讓你身邊的人、與你親近的人，開始知道你的感覺。不是要你去責怪或埋怨他們，而是讓他們看見真正的你。

舉例來說，你一直很羨慕你同學，能開著爸媽買給他的進口車，或者同學家裡開公司，大學一畢業，就能接手自家的公司，不用辛苦地到處找工作，或者像其他社會新鮮人一樣，領著基本薪水，一年到頭累得跟狗一樣，卻是吃不飽也餓不死。

而你跟大多數的社會新鮮人一樣，大學一畢業就開始找工作，好不容易找到工作，有了收入，可賺到的錢既不能花，也不能存，得先拿去還助學貸款，想買車買房都得自己存錢買，父母一毛錢也幫不了你，等等。

你心裡其實有很多不平衡，多麼希望自己也生在富裕家庭，可以不用一直過得這麼累，可是你從來不敢跟爸媽說這些，就怕內心話一說，會讓爸媽難堪難過，突顯了你們家比別人貧困的事實。

你可能會說：「講出來有什麼用？講出來我爸媽就會送我一輛車嗎？就會買房子給我嗎？就會去創辦一家公司讓我繼承嗎？就會讓我一夜之間變成富二

代嗎？許醫師，你怎麼能叫我跟爸媽講這種話？這樣太殘忍了啦！」

但我要告訴你，你錯了！說出你的感覺是要讓爸媽了解你的心情，即使他們無法提供你物質上的資源，卻可以在精神上支持你。你要慢慢認清你的家本來就跟別人家不一樣，這是你靈魂的選擇，也是全新生命的起點，而如果你沒跟家人溝通、沒將你的想法表達出來，這感受就無法釋放。

要知道「感覺」是可以交流的，可以喚起彼此心中的愛，當你選擇說出一切，你才可能被「理解」，內在的喜悅才出得來。

當然，你在爸媽面前說真心話，會讓他們覺得傷心，甚至覺得自卑，因為當父母的都想給孩子最好的，他們辦不到、讓孩子的人生路走得比別人艱辛，他們也很遺憾，但這也可能讓他們說出心裡話：「我們也想給你最好的一切，但是我們真的沒有能力，也因為沒辦法給你更多，我們常常處於自責之中。」

你的話可能讓你爸媽面對了心中對你的愧疚，同時也在解放你爸媽心靈上的枷鎖，放下內心的自卑與自責，他們也能透過真誠的表達，讓你知道他們一生都很努力，他們已經盡力了。

每年有那麼多學子畢業找工作，職場競爭如此激烈，多少父母都希望自己也是公司老闆，讓孩子一畢業就有工作，不用為找工作吃盡苦頭。我記得以前有個立法委員的女兒，國外大學畢業，會三種語言，可找工作卻處處碰壁，最後找到一個月薪兩萬多的工作，委員老爸非常心疼女兒，說：「妳來幫爸爸的忙，爸爸一個月付妳三萬塊的薪水，妳可以邊做邊學，學夠了本事，再出去外面找工作。」可試問世上有多少這種有能力、明事理的老爸？少之又少吧。

## 表達內心真正的感受，才能讓阻滯的能量流動

當你說出心裡話，開啟疏通你內在的感受後，你會重新獲得宇宙給你的能量與活力，只是多數人都沒學會「如何表達內心真正的感受」。記得有一次，我正經八百地跟我太太說：「老婆，我有事要跟妳討論一下。」我太太見我認真嚴肅的樣子，以為發生了什麼事，也跟著緊張起來：「你要跟我討論什麼？」

於是我開始跟她傾訴我內心很多感受，並說：「平常我都找不到人跟我討

論，我其實有很多困惑需要整理，但妳不一定要給我意見或方向，只要聽我訴說我的感覺，就可以幫助我釐清內心深處的疑慮了。」

如同「真理愈辯愈明」一般，我愈是詳述自己的想法，就愈清楚自己真正的感覺，也才能看見自己應該前進的方向，所以我需要一位合適的傾聽者，讓我能邊說邊整理自己的想法。人往往太習慣去壓抑自己內心的想法和情緒，即使是我也不例外，畢竟不是每個人都有良師益友隨侍在側，可以時時傾聽我們的心聲，適當地給予我們幫助。

我有很多精神疾病和癌症患者，致病的原因都是：他們的家庭能量停滯沒有流動。如果你家也是如此，請試著讓你家的能量流動起來，鼓勵你的家人說出自己的感受，但你一定得從自己開始。不要小看你自己和你的家庭，當你的家在你的努力之下，家人之間開始有新的互動，家庭能量就會開始流動，整個世界也會因而改變。

跟你的爸媽溝通、說出心裡話，並不是要指責或抱怨他們什麼，只是要讓他們了解你的心，知道你受過什麼委屈、有過什麼不滿等，讓他們給你一個擁抱，安慰你曾經受創的心靈。

記得有一年，我的痛風發作，大半夜在床上痛得哎哎叫，甚至痛到都哭出來了，結果我爸爸聽到聲音，進房來安慰我：「兒子啊，我們男子漢不能哭，要堅強啊！」直到那一刻，我才知道爸爸是愛我的、對我充滿不捨的。可是我卻哭著說：「爸，這個時候你不要再叫我堅強了，我都快痛死了，我就是要哭啦！」接著媽媽也跑進來了：「對啦，他現在很痛、很難過，他心裡很委屈，你就是要讓他哭，不要再阻止他了，能哭出來就好了！」

是的，就是這個意思，你若是為人父母者，也要讓你的孩子發洩他心中的委屈，聽他傾吐心事，安慰他、擁抱他，讓他感受到你對他的愛，這就足夠了。

## 真心傾聽，讓彼此關係更親密

有些孩子在抱怨父母偏心、重男輕女時，父母會不斷否認，企圖阻止孩子再說下去：「沒有啦，我們哪有重男輕女？你誤會了，爸爸媽媽對你們的愛

都是一樣的，過去的事就忘了啦，不要再去想了……」說這些只會讓孩子更生氣、更不滿、更覺得爸媽不重視他，所以千萬不要做這種蠢事，那只會使親子關係更惡化。

當孩子抱怨你偏心、不能給他買車買房、不能開公司讓他當富二代時，他並不是真的在責怪你，也不是貪心不知足，而是試圖要得到你的愛與關懷，他真正想表達的是：他在社會上的努力奮鬥，能被你看見和理解，想得到你的支持與鼓勵。

所以學了身心靈觀念後，回家的第一件事就是——跟父母翻舊帳！有些學員的爸媽就不高興了，說：「以前家裡好好的沒事，怎麼你去上個課回來，就把家裡搞得烏煙瘴氣，你學的是什麼狗屁身心靈觀念！」其實賽斯心法從來沒有要人跟家人吵架、跟配偶鬧離婚什麼的，只是鼓勵人們把心裡的話說出來。說出一直壓抑隱藏的話，多半會發生衝突，但那是真正和解必經的過程，唯有揭開化膿的傷口，擠出膿汁清創，傷口才有真正癒合的一天。

當孩子、伴侶跟你算舊帳時，不必急著跟他爭辯、要他放下過去，或一古腦兒地跟他講大道理，你要做的是聽他把話說完，讓他把心事倒乾淨，因為對方只是要你了解他的心情而已。

你只要靜下心來，把對方的話聽進去，拍拍他的肩膀、給他一個擁抱，真心地說一句：「孩子（老公或老婆），你辛苦了，謝謝你把你的感覺告訴我。」如果能做到這一點，你覺得你的親子關係、夫妻關係會差到哪裡去嗎？

所以當別人在對你抱怨時，別動不動就訓人：「抱怨是不好的，我們要懂得寬恕、原諒、放下過去，要歡喜做甘願受，這樣才能真自在……」每次聽到這種話，我都很想翻白眼，因為那不是在抱怨，而是一種更深層的情感交流。

說出你的感覺，別人不一定了解，也可能產生誤會，但你不說出來，別人永遠沒有機會了解你。唯有說出心裡話，才不會有隔閡、才能更靠近，也才能感受到彼此的愛，若沒有心靈上的交流，只是一再假裝什麼事都沒有，那只會讓你和對方離得愈來愈遠。

世上無完人，只要是人都有犯錯的時候，不要害怕被指出錯誤。要知道完美的人通常令人生厭，永不犯錯的人令人憎惡，對自己對別人一絲不苟、要求嚴格者，更是令人想跟他保持距離；而那不夠完美、偶爾犯錯，卻能承認錯誤、勇於改過的人，反而讓人覺得親切、沒有壓力，甚至對其心生好感。畢竟我們都不是聖人，喜歡且需要的往往是跟我們一樣的平凡人。

但這個平凡人並不懶惰，他懂得不斷學習與成長，他能跟我們親近、了解我們的感受。我們要的是能在感受上有所交流的人，否則理性上說再多都沒用。

我希望學習了身心靈觀念的你，回到家後能進行一場家庭大革命，痛快地對家人說出心裡話，若想跟家人之間有愛的交流，就得先清出內心那些積存已久的不滿及負面情緒。當每個家庭愛的能量流動了，就能創造出更多資源，逐步改變整個地球，讓所有人遠離匱乏，活得愈來愈圓滿自在。

# Chapter 2 接受

## 學習放鬆的藝術

那些不斷想證明自己、想給人交代的人，都是入戲太深，事實上，在這場人生大戲裡，你只要對自己負責、對自己交代就行。當你不需要跟任何人證明或交代什麼時，表示你接受了一切的發生，而接受之後才是精采人生的開始，因為你終於懂得為自己而活了。

人活在世上不可能討好每一個人，也不可能讓每個人都滿意。讀過歷史的人都知道，國父孫中山先生在倡導革命時，曾與陳少白、尤列、楊鶴齡被稱為「四大寇」，他冒著生命危險為中國的民主自由奔走，救百姓於水火之中，卻還是被人指著鼻子罵：「現在有外敵入侵，整個國家亂成一團，你還要搞什麼革命，這不是來添亂的嗎？」你說國父冤不冤？如果是你，把命都拿出去救別人了，卻換來這樣的指責，你能接受嗎？

有人說：「我不能接受我先生外遇」、「我不能接受我太太讓我戴綠帽」、「我不能接受人家誤會我，我平常脾氣很好，但如果有人誤會我，我會發飆」、「我不能接受被人看不起」、「我不能接受我的小孩沒上大學」等等，你想得到的、想不到的各種「不能接受」都有，而你不能接受的事物，就是你一直在壓抑的能量。

社會上令人「不能接受」的事很多，令人「不得不接受」的事也很多。有一次我去三鶯分會上課，課堂上有位學員從事軍職退休，大家都知道，過去軍公教人員退休時，不管是月退還是一次退，都可享有一八%的優惠存款利率，後來一下子降到九%，每個月固定少了兩萬多塊的收入，一年就少了二十幾萬，如果是你，你能接受嗎？本來沒有也就算了，可是已經給了之後又要拿走，是人都會抓狂吧？但是再不甘心，國家制定的政策也只能接受。

又例如，你兒子娶了媳婦之後，媳婦一天到晚吵著要搬出去，因為她不想伺候公婆、不想捧你家的飯碗、不想拜你家的祖先，你能怎麼辦？只能接受。我有位個案的先生有了外遇，她要先生跟小三分手，但先生苦苦哀求說：「妳可不可以給我一點時間？因為她說分手的話，她就要去自殺，那是一條人命，救人一命勝造七級浮屠啊！」個案只好大發慈悲，給先生和小三時間分手，結果一給就是十年，最後又給了小三的孩子更多時間，她用一輩子的時間發揮慈悲心，換來的卻是寡婦般的生活，你說她願意嗎？當然不願意，但也只能接受。這些都是所謂「被迫無奈的接受」。

遇到這種事，人們都會說「你要想開一點」、「你要放下執著」，拜託！誰不知道要想開一點、放下執著，可這件事就是貼在你心上、黏在你身上，怎麼甩都甩不開，你能怎麼辦？

我記得有個神經學的例子：一個人某天早上醒來，突然覺得他的右腳不是他的。人會覺得腳是自己的，是因為人有一種神經本體受器，而這個人的神經本體受器可能因缺血或中風而失去作用，所以他感覺不到自己的右腳，只覺得有個東西黏在他身上，那個東西不屬於他，他想把這個東西踢下床，於是用左腳拚命踢右腳，最後整個人都滾下床了。你別不信，神經學的病例真是千奇百怪。而有些人、有些事就像那隻右腳，無論你再怎麼努力，就是甩不開它。

其實我們說的「想開」和「放下」，很多都只停留在頭腦層面，只是一種自我安慰，甚至是一種逃避，例如「也不是只有我這樣，很多人都這樣」、「不然要怎麼辦？命運就是這樣了」，都是常見的自我安慰，其背後有著很深的無奈，表面看似接受，其實還是在乎，只是無能為力，於是你內在某個部分便關起來了。

## 「接受」的重點永遠都在自己

我爸爸在世時，一天到晚跟我媽媽吵架，有一年過年，他們堅持要分開過，媽媽要留在台北過年，爸爸想在鄉下過年，太太問我怎麼辦，我說：「讓他們自己好好想想，看到時候誰先接受事實，誰就先妥協吧，畢竟人都是需要學習成長的。」結果我大姊說：「都七、八十歲這麼老了，是要叫他們學習什麼啦！」我說：「不管幾歲都要學習，音樂、跳舞、英文、吞劍、跳火圈什麼都可以，這樣下輩子你就不會輸在起跑點上了。」是的，誰先學會接受，誰這輩子就能過得自在快活，就連下輩子都能高人一等。

但我所謂的「接受」，是比較深層、關於自己的。每個人一生都會發生不喜歡、不想要的事，例如你出身貧窮的家庭，家裡總是狀況百出，父母又離婚，有些事你扛過去了，有些事一直存在，但你還是繼續過日子，以為自己已經放下了，其實只是不去想它，或者用頭腦將它合理化，但你仍然會為之掙扎糾結、反反覆覆，因為你沒有打從內心接受它。

「接受」最大的挑戰從來都不是別人而是自己，不信你可以問自己：「我接受我來自一個貧窮的家庭嗎？」「我接受我曾經因為貧窮而自卑嗎？」「我接受我是一個不夠傑出的兒子（或女兒）嗎？在這個過程中，我面對了我的自卑，並且釋懷了嗎？」不用太快給我答案，不要以為或直接認定自己接受了，而要去觀察當你遇到令你不滿的事件時，你的反應、想法和感受是什麼？你會一直記得這件事嗎？當你想起這件事時，心情又是如何？

接受也包括自我接納，別人接不接受你是一回事，你接不接受自己才是重點，「接受」是一個人向內觀照、自我覺察很重要的功夫，有時我們甚至必須透過「接受」對自己做心理治療，以釋放這一世、甚至是累生累世的痛苦與悲傷。當你能「接受」時，代表你能信任生命了，並且看到自己的價值，願意相信宇宙自有安排。

## 敢於「臣服失敗」，才能真正地解脫

「接受」也是身心靈學習中很重要的一門功課，在一次團療中，我談到了兩個主題：第一，很多患者內在都有一種想「解脫」的心情，不是「絕望」也不是「求死」，因為它們都是負面的名詞，而「解脫」可以是正面的名詞。就像有人想退休，不是不想工作，而是希望可以無壓力地工作、可以做自己想做的事，工作的時間和內容可以由自己決定，並發揮自律的能力，讓自己從責任與負擔中解脫出來。

很多媽媽會得產後憂鬱症，因為還沒接受劇烈的生活變化，就得扛起養孩子的重責大任，失去自由、既苦又累，得不到解脫，最後就憂鬱了。擁有失敗人生的人也會想解脫，但前提是：承認並接受自己已經跌到谷底，只有真正地接受，才能得到解脫。只是多數人都會逃避或抗拒失敗，因為人對自己都有一定的期待，渴望自己表現得很好，有幾個人敢大聲說：「我承認我就是賺不到錢！」「我承認我讓父母蒙羞！」「我承認我的婚姻是失敗的！」「我承認我討厭小孩，我不想當爸爸（媽媽）！」「我承認我老是生病，造成孩子的負擔和壓力！」你敢嗎？

我在引導癌症學員時，常對他們說：「其實你們沒有癌症，你們只是還沒有接受自己的失敗。如果你們敢於『臣服失敗』，就能開始真正的療癒，因為臣服不是認輸，而是接受與放下。是的，你失敗了，那又怎麼樣？是的，你現在不夠好、錢賺得不夠多，但以後你會更好、更富有。」這樣的接受是懷著一份對自己、對生命深刻的愛，就像我們常說的「愛自己」，就是對自己深深地接納。

有一次，有位學員跟我講述了他與父母、妻子之間的故事，在他們的關係之中，他總是要求自己凡事要做到最好，這讓他過得非常辛苦，也逐漸使他陷入焦慮與憂鬱，我聽了以後對他說：「你有沒有發現你的人生一直在做兩件事，那就是：證明與交代。你想想，你做的事是為了證明什麼？你想對什麼人交代？你認真念書不是為了自己，只是為了跟你的父母交代；你努力維持好丈夫的形象，是為了證明你有經營美滿婚姻的能力。但如果有一天，你的父母和妻子不在了，那你要向誰證明與交代？你有沒有回頭看自己，你真正想要的是什麼？你有沒有接受真實的自己？」

很多人都跟這位個案一樣，一生都在不斷證明自己是成功的、沒有輸給別人的，他們不肯接受失敗，把自己逼得很緊；他們害怕被責備埋怨，害怕別人會對他們失望，所以不管做什麼事，都要給別人一個交代，他們不是為自己而活，只是在滿足別人的期望，你覺得這樣的人生有樂趣、有意義嗎？

以前我一直不能接受「我讓我爸媽失望」這件事，但經過多年的賽斯心法學習，我慢慢改變了想法。有一天，我跟爸媽說：「從今以後，我不用再跟你們交代什麼，我該交代的都交代完了，我輕鬆自在了。」爸爸冷哼一聲：「什麼交代完了！你小孩都還沒生，哪來的交代完了？」我理直氣壯地回他：「生不生小孩是我的事，跟你們無關，我不必用生小孩來證明我是孝順的。」

如果我為了給我爸媽一個交代，硬去生養小孩，那麼我很多事都沒時間做了；如果不能做我喜歡的事，我還是那個窮一生之力推廣賽斯思想的許添盛嗎？我還能是我自己嗎？

那些不斷想證明自己、想給人交代的人，都是入戲太深，事實上，在這場人生大戲裡，你只要對自己負責、對自己交代就行。當你不需要跟任何人證明或交代什麼時，表示你接受了一切的發生，而接受之後才是精采人生的開始，因為你終於懂得為自己而活了。

到了那一刻，你真正的生命能量就出來了，你跟宇宙連結上了，你終於找回自己的力量，你會知道什麼是生命的本質、什麼是宇宙真實的價值完成，你會知道你是誰、為什麼在地球輪迴轉世、為什麼演出一部又一部神聖的教育劇。

## 從一隻蚊子之死看見媽媽的內心

每個人內在情緒產生的外顯行為都不盡相同，例如我發現自己最常有的情緒是「自責」，因為我老是覺得我沒扮演好自己的角色，覺得自己不應該讓任何人失望，覺得自己盡的心力還不夠等等，而我表現出來的行為是憤怒，甚至是冷嘲熱諷。

有一年，我媽媽因為腰椎嚴重滑脫，整個下肢水腫無法走路，最後只能開刀治療。住院期間我請了一個二十四小時的看護來照顧她，後來她出院回到家，看護也跟著住到家裡照顧她。

有一天，我爸爸很好意地問看護：「昨天晚上有沒有蚊子叮妳？」媽媽聽到這句話當場抓狂：「我跟你做了四、五十年的夫妻，你什麼時候問過我有沒有被蚊子叮了？我被蚊子叮得滿臉包，你都沒問我怎麼回事，這個女人才到我們家幾天，你就這麼關心她，你算什麼男人！」

我在一旁有點尷尬，試圖打圓場：「媽，爸爸只是客氣地關心人家一下，沒什麼的。」結果媽媽轉頭朝我射來一記眼刀：「我真沒想到你跟你爸爸是同一種人！」我不禁提高了聲音：「妳這是什麼意思？我是哪一種人？我可不知道我是哪一種人！」後來爸爸不想跟媽媽吵架，就一個人跑回南部了，最後我的結論是：該死的蚊子！都是蚊子惹的禍！

後來我告訴自己：「許添盛，你就接受你的父母是無理取鬧的人，寬容地對待他們吧！」這個建議聽起來不錯吧？後來我覺得不對，因為這種「接受」

是撐不久的，它是一種「表面的、無奈的接受」。直到我更深入地觀照這件事，不斷向內覺察，才發現媽媽內在的問題。

我媽媽心中一直有兩大遺憾，第一，當初我爸媽的婚姻是媒妁之言促成的，媽媽從來不曾自由戀愛過，她是被迫嫁給一個素未謀面的男人。媽媽喜歡斯文又溫柔體貼的男人，偏偏爸爸壯得跟一頭熊似的，而且不解風情，完全不是媽媽的菜，所以無法選擇自己喜歡的男人，一直是她心中很大的缺憾。但她又是一個傳統的客家婦女，不懂得抗爭拒絕，只會嫁雞隨雞、嫁狗隨狗，她所受到的教育和道德的框架，也不容許她有一絲外遇的念頭，她想偷偷跟別的男人談個戀愛都不行。

其次，媽媽的防衛心很重，她總是用攻擊代替求助，所以引發不了爸爸溫柔體貼的那一面。我爸爸不是一個不能溫柔體貼的人，但因為媽媽跟爸爸不良的互動方式，讓她始終得不到她想要的。就像有些父母要孩子認錯時，孩子死都不肯，不是孩子不能自我檢討，而是父母對待他的方式，傷到他的自尊，他為了保護自己，就不肯向父母低頭。

在過去那個年代的農村裡，女性必須堅強勇敢，否則無法生存，所以媽媽無法解下她的武裝，也因此得不到丈夫溫柔的對待。但即使強悍如我媽媽，也有脆弱的一面，只是她不知道要面對自己的脆弱，得不到足夠的安全感，就不敢解下武裝。而爸爸那句對看護的問候，激起了媽媽內在的遺憾，可惜她不知道換個口氣說話：「老公，我知道你問看護有沒有被蚊子叮是一種禮貌，但我多麼希望你那句溫柔的問候，是對我說的。」我相信媽媽如果這麼說了，爸爸是會理解的，也許他就會說：「老婆，妳怎麼都不跟我說？早知道我半夜就起來幫妳殺蚊子了！」

不同的說話方式導致不同的結局，攻擊引發的一定是防衛，甚至是更強烈的攻擊。若要有不同的問話方式，你的想法必須先在內心處理過，而不是本能地反應出來，經過覺察、思索、明瞭自己的內心才說出來的話，自然就很真誠，且圓融通透，讓人願意聆聽，並給予善意的回應。

而我媽媽從來沒有處理過自己的內心，所以她放不下自尊和防衛，讓自己活得很辛苦。她不知道自己原來一直有這樣的遺憾，她沒有去面對，只是因為這個內在的遺憾，不斷地生氣、責怪別人。原先我也會覺得媽媽又在發瘋了，不過是一句禮貌的問候，有必要氣成這樣嗎？但是當我去回溯她的整個生命歷程，就理解了她為什麼有這樣的反應，她是多麼渴望得到愛與溫柔，又是多麼地令人心疼，讓人怎麼忍心再生她的氣？

## 兒子不去找工作是媽媽的錯？

我的個案麗娟（化名）的兒子大學畢業服完兵役了，卻一直沒去找工作，每天宅在家裡，而且一宅就是四年，搞得麗娟都快瘋了，不時就碎唸：「兒子，你要不要出去走走？還是去找找工作？不要一天到晚待在家裡，這樣很不健康啦。」但兒子還是無動於衷，依舊我行我素，也讓母子兩人時有衝突，關係愈來愈差。

她來看診時說：「許醫師，我也是為他好，他這樣下去怎麼得了？將來還有什麼前途啊？」我說：「其實問題在妳身上，因為妳的內在一直有個遺憾：

妳當了二、三十年的家庭主婦，很希望自己能有一份體面的工作，可以不用靠老公養妳，自己就能賺到錢，妳很想出去找工作，就把這份渴望投射到兒子身上了。」

麗娟因為沒有工作，覺得自己沒有價值，所以當她看到兒子宅在家裡時，她開始感到焦慮，因為兒子讓她看到了她自己，她無法接受自己的無價值，所以不斷地逼迫兒子找工作。當麗娟明白了內在的原因之後，她的態度逐漸軟化，最後臉上彷彿帶著一絲微笑地說：「許醫師，你說的好像沒錯，因為沒出去工作賺錢，只能跟我老公伸手要錢，我的確覺得自卑，現在再回想我兒子平時的生活狀態，好像也沒那麼糟嘛。」

面對這個不熟悉的社會，麗娟自己也會感到害怕，如今她終於敞開胸懷，覺得自己不應該給兒子那麼大的壓力，不再抗拒「我兒子沒工作」這件事，這也表示她開始正視自己內在的感覺，試著接受自己了。

台灣人好面子，凡事總是在防著別人，很難說出心裡話，麗娟能夠承認自己的自卑實屬不易，她回家後也跟兒子做了溝通，兒子很感激麗娟對他坦誠相告，他說：「媽媽，我不是沒找過工作，但是都不順利，我知道我現在去找工作，只會讓我覺得我很糟糕、很沒有用，在我們家，爸爸和哥哥都很優秀，即使是沒有工作的妳，也比我優秀，我就是我們家最差勁的那個，我還需要時間準備。」真正的接受在於「放下」，麗娟放下了對兒子的成見，接納了容易自卑的自己，願意站在兒子的角度，陪他一起面對「害怕找工作」這件事，這才逐漸修復了母子關係。

## 理解接受內在問題，就能不為情緒所擾

有一次，我吃過晚餐後，去看我媽媽，結果跟她聊了幾句話，我又像屁股長蟲一樣坐不住了，因為媽媽暗暗懷疑外傭偷她的零用錢。但有件事我記憶猶新，就是媽媽在住院前打包了貴重物品，打算要帶進醫院，當時我叫她別帶太多東西，但她認為這些東西放在家裡不安全，我只好依了她。

結果媽媽出院時，發現她的項鍊和手鐲不見了，我們所有人在病房裡找了

老半天，皆一無所獲，氣得我差點跑到護理站抗議醫院有小偷了。結果回家後媽媽才發現，手鐲和項鍊就放在她房間的抽屜裡。於是當她跟我說外傭可能偷錢時，我又想起了這件事，才發現媽媽內心很缺乏安全感。

在我治療過的老人個案中，有幾個共通的現象，第一，老人家容易有被害妄想症；第二，「覺得自己的東西被偷」是失智症的早期徵狀，近期記憶開始消失，三十年前的事都記得，但前一天的事卻忘了，然後找不到回家的路。這些都跟老人家內在一輩子沒有處理的不安全感有關。

一般而言，子女與父親的關係代表他們在社會上的地位、收入、成就等外在價值，跟母親的關係則代表著情感價值，例如，表現得不好時，會覺得自己沒有價值、不能接受自己、覺得這個世界不友善、內在有不安全感等等。

當看到媽媽那種強烈的不安全感，我的內心是自責的：「為什麼我沒有跟媽媽住在一起？甚至住在她的樓上和樓下都好啊！」雖然我花錢請外傭照顧她的生活，但還是忍不住想，或許我可以做得更好。我察覺到自己內在有一個自責模式，那就是當我在責備別人做錯事時，心裡永遠有一個聲音告訴我：「許添盛，是你沒把他教好，是你做得不夠好、不夠多，這是你的錯，不是他的錯。」相信很多人都跟我一樣，表面上不肯認錯，其實內心充滿了自責，因為沒有接受自己。

當我察覺到內心的自責時，我對媽媽的不滿情緒很快就過去了，並且停止自責，感到安心自在，因為我察覺了、表達了、釋放了，便脫離了情緒的糾結與干擾。

## 賽斯思想給予眾生的幫助令我感動

我認識個案雅雯是在身心症團療裡，當時她患有憂鬱症。她來自於一個不太健康的家庭，從小到大經常被父母責備，有時被罵得太慘，會難過得哭上幾個小時，後來她離婚住回娘家，三不五時就跟父母起衝突。

有一次她來參加團療時提到，她在公司的健康檢查中查出有一顆腦瘤，後來又到台大醫院和榮總檢查，兩家醫院都確定她得了腦瘤。台大醫生建議她做「加馬刀」立體定位放射手術，當時這種手術健保沒有給付，做一次至少要二十五萬，她根本就負擔不起，只好放棄手術治療。

她開始學習身心靈觀念後，決定搬出父母的家，煎熬多年終於跟原生家庭做了切割，慢慢找回自己的力量，之後還交了一個原住民男友，她一直誇讚原住民對社會貢獻良多，因為男友體力很好，經常帶她深入大自然。她因而得以潛入海中抓龍蝦、用魚槍射魚，這段美好的戀情以及團療的支持，讓她的身心都有了大幅改變。

後來她再回台大醫院複診時，醫生很驚訝地問她：「小姐，妳在開什麼玩笑？」聽得雅雯一頭霧水：「怎麼了嗎？」醫生說：「妳的腦瘤不見了。」她自己也不敢相信。那天她去團療時，大家都覺得她變漂亮了。我也很替她高興，不過，我在乎的不是她的腦瘤消失，而是她找回了快樂和歡笑，跟之前的她判若兩人，真的很令我欣慰。

還有另一個例子。有一年我去香港上課，某天早上香港分會主任跟我說：「許醫師，有位學員想跟你一起吃個早餐。」我心想應該是那位學員想找我說話：「好啊，他有什麼事嗎？」分會主任說：「他太太之前是一位乳癌患者，他曾經陪太太到花蓮賽斯村住過一段時間，後來太太往生了，而他太太有個朋友，兩人幾乎同時得到乳癌，在他太太過世一個月後，這位朋友也往生了。他想跟你聊聊。」

我們見面後，我發現這位學員長得很帥：「你長得很像電影《神鬼奇航》的男主角強尼．戴普耶。」他聽了以後很驚訝：「許醫師，我太太就是強尼．戴普的粉絲，我們全家人都很喜歡強尼．戴普，他的電影我們看了好幾遍。」他說他看到我，就像看到親人一樣，我也能感覺到他在尋找親人，彷彿只有身為賽斯家族才能聽懂他的話：「我太太走的時候，一點也不悲傷，她甚至是充滿感動的，臉上還帶著微笑。」整個會面的過程非常愉快，我從頭到尾都很感動。

老實說，不是每個學習賽斯心法的癌友都能活下來，但在接觸賽斯心法之後，他們的生命歷程都變得充實而精采，那位學員說：「我太太住在賽斯村期間，受到老師和工作人員很多的引導和照顧，她往生之前，手邊還有一點錢，她決定把錢捐給賽斯村。」其實他們家的經濟情況不是很好，太太的醫藥費還是親友贊助的，但他們夫妻還是想把這筆錢捐出來，於是他把裝著兩萬多塊港幣的信封交給我，要我帶回台灣。我覺得最珍貴的不是那兩萬多塊港幣，而是當年他和太太在賽斯村裡得到的關懷和照顧，至今仍溫暖著失去愛侶的他。

我帶著這份善意回國後，跟賽斯村的同事們說：「我們選擇的這條路是對的，我們真的幫助了人們，我們對這個世界有貢獻，事實已經證明如此。」到賽斯村來的人，有錢的就出一點錢，沒錢的一樣可以得到幫助。之前就有位馬來西亞學員來到賽斯村，他沒有錢，我們一樣供吃供住，那時賽斯村還在建設中，才蓋到二樓，資金並不是很充裕。

當時我還說，我希望賽斯村未來能做「臨終關懷工作」，如果賽斯學員不想在醫院往生，我們就讓賽斯村送他最後一程，讓他在生命最後的階段進入身心靈的學習，不再有藥物針劑、各種急救的折磨，平安喜樂地度過生命最後的歲月。

我知道工作人員會對這項工作感到害怕，因為一個人在臨終之前狀況很多，可能會出現嘔吐、脫水、吐血、譫妄等等。當然，做這件事我也有點私心，因為我在醫院待了大半輩子，哪天我要是掛了，也不希望自己是死在醫院裡。

還有一位大陸北京的學員，先生不久前往生了，雖然她內心充滿悲傷，但從未在人前流淚，因為覺得沒有人能真正理解她。直到她從北京飛到深圳參加工作坊，看到熟悉的老師和同學，她才放聲地痛哭了一場。她對我說：「許醫師，有件事我只敢告訴你，我不敢跟任何人講，其實我先生往生後，我就想立刻找一個伴。」先生死後不到一個月，她竟然已經開始託人幫她物色男友了。

為什麼這種話只敢跟我講？因為我從不批判，我包容與接納任何人事物。她不是不愛亡夫，但是她剛喪偶，還帶著一個八歲的小孩，她知道自己一個人沒辦法過日子，需要有個伴。這樣的想法可能不為社會所容，但在賽斯家族這個團體裡，什麼話都可以說，什麼想法都可以有，不會被批評指責或用分別心對待，可以得到絕對的包容與諒解。一個人唯有真正被溫柔地接納，他的心才會打開，而賽斯思想就是要每個人都打開自己的心，接納自己，接受一切，迎向美好的人生。

# Chapter 3 冒險

## 聽見來自未知的呼喚

如果自我意識能回到心靈世界，內在感官自然會顯現，每個人都可以使用內在感官去認識自己、了解自己為何在此，並看見自己的未來，進而解救自己，讓自己過上更富足、更快樂的生活。

在一次團療中，我問在場所有罹癌學員一個問題：「你覺得你每天的日子過得有價值嗎？你這輩子活到現在有價值嗎？」這話是在檢視他們的「生命品質」。生命品質不同於生活品質，有人一輩子不愁吃不愁穿，生活品質好得很，卻覺得自己活得沒有意義；但有人每天辛苦工作、吃不好穿不好，全無生活品質，卻覺得自己活得很有價值，後者的生命品質顯然高於前者。

有位憂鬱症個案曾經跟我說：「我跟我老婆剛結婚時是一窮二白，又陸續生了好幾個小孩，小孩們都要張嘴吃飯、每個月有一堆帳單要付，日子過得很辛苦，但我覺得自己活得很有價值，因為老婆小孩都需要我。後來日子好過了，孩子也能賺錢，我好像就沒什麼價值了，以前沒有我不行，現在有我是多餘。」我告訴他：「你知道為什麼你會覺得自己沒有被需要的價值嗎？」「為什麼？」「因為你都在為別人而活，你沒有創造你主要的存在價值。」很多人都像這位個案一樣，根本不知道自己是誰、為何來到人間、自己靈魂的使命又是什麼，一直活得很茫然。

但人類的這些現況即將改變，因為地球開始面臨一場驚天動地的變化，

## 兩個三角形

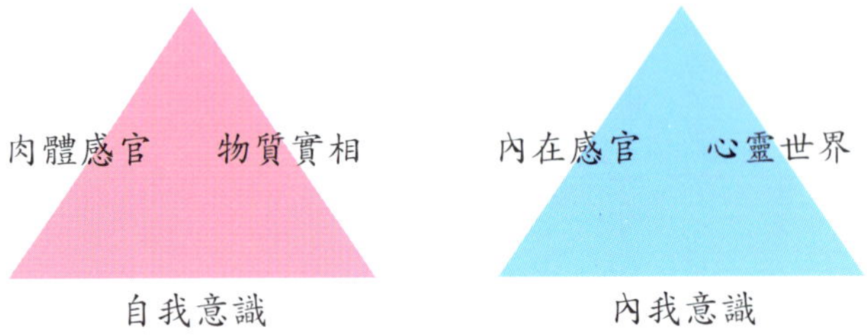


也就是人類下一個階段的演化已經出現，但不再是肉體的演化，而是精神進化，內我意識將會透過內在感官，使用精神性的酵素，將宇宙能量轉化成肉眼所見的物質實相。

所以每個分子原子的背後其實是有能量結構的，能量最後會回到心靈，也就是我們的本我；而且會有一群人知道，原來物質世界是樣品屋，也就是「偽裝實相」，所有外境都是心境的投射，而心境才是靈魂生命的所在，外在實相只是讓靈魂來體驗和學習的。

關於物質實相和心靈世界，我曾在基金會上課時，提到過「兩個三角形」的概念，第一個三角形包括：自我意識、肉體感官、物質實相；第二個三角形包括：內我意識、內在感官、心靈世界。（見上圖）

## 第一個三角形：自我意識、肉體感官、物質實相

自我意識是協助意識心來感知一切的工具，它會靈活使用肉體感官，也就是我們的眼、耳、鼻、舌、身，藉由眼睛看到畫面，藉由鼻子聞到氣味，藉由舌頭嚐到味道，藉由身體感到冷熱和觸覺，與千變萬化的物質實相打交道。

肉體感官是肉體的一部分，但肉體有一天會消失，所以肉體並不是你最終的感知工具，而是你內在的本我來到地球所穿的一套太空衣，以便讓你順利進入三次元、適應地球的空氣以及生存方式，並與你周遭的人事物產生關聯。

人如果沒有肉體，就無法在地球上生存，就像太空人登陸月球必須穿太空衣，否則就會因吸不到空氣而窒息，或血管爆裂而亡。但這件太空衣並不代表你的本體，當你的靈魂結束了這一世的旅程，你就要把這身衣服還給地球，正所謂「有借有還，再借不難」，下輩子你就可以再借一件不一樣的太空衣來穿了。

肉體本身、肉體感官、物質實相都是設計來讓靈魂學習用的，而你必須專注於物質實相，以保障你的生存，要能夠生存下去，才有機會學習、才有生死

輪迴。若有一天你死掉了，你的靈魂用來感知的工具就不再是肉體。但別擔心，你依然看得見、聽得到，就像你在做夢時，能清楚地看見夢境、聽見對話，但你並不是用肉眼視物，也不是用耳朵聽音。

人類用自我意識發展出科學，說到底科學是自我意識的產物，只研究肉眼看得到的東西，不相信看不見、測不出的能量，自然也不相信萬事萬物皆由能量所形成。然而，就像我們看不見X光、電波、紅外線、伽瑪射線等，但我們知道它存在，現在的科學無法解釋的事物，並不等於它們不存在，只是還沒有被證明而已。宇宙中就有各式各樣的能量，是人類科學儀器測不到的，畢竟科學儀器是自我意識設計出來的，它只符合自我意識的感知範圍。

最近我在看《早期課》時，真的很感動，魯柏和約瑟是累世的修行人，魯柏在好幾個前世就已經是神通自在之人，可以隨時靈魂出體，與往生者溝通，她上一世是紐約的一個靈媒，但混得不怎麼樣，有點像電影《第六感生死戀》裡的琥碧．戈柏，到處騙吃騙喝。

今生傳遞賽斯資料的魯柏和約瑟，已經是他們在地球的最後一世了，但當初賽斯要傳賽斯資料時，他們兩個都是一般人，最終在賽斯的幫助下，揭開層層實相世界的迷霧，一步步回到真實的本我。

可惜多數人都沒有他們兩人的幸運，仍在實相世界裡苦苦掙扎，他們也許有車有房有妻有子，看似擁有一切人生美滿，心靈卻是空虛的，因為不斷被外相所迷惑，而逐漸離開了本心，畢竟外面的花花世界實在太迷人了。

雖然物質實相從頭到尾都是虛幻的，但本質上它依然是能量形成的，也是量子力學的顯現，但是當你身在這個物質世界，就必須遵守它的遊戲規則，即便它是假的，也需要被尊重，你不能隨意輕忽或拋棄它，因為它是我們學習的教室。

## 第二個三角形：內我意識、內在感官、心靈世界

賽斯在《早期課》中曾經提到：宇宙有兩種科學，一種叫做技術科學，發展各種具體可見的科學產品和技術，但這是屬於比較低階的；另一種叫做心智

科學，可以讓人不用搭乘太空船，就可以直接旅行到另一個實相，因為太空船無法進行時空跳躍，但精神體卻可以超越時空，去到賽斯經常提到的「第五度空間」，也就是基本內在宇宙，亦是唯一真實的實相。

我們都知道，你我是來地球出差、旅遊、學習、考察兼玩耍的實習神明，地球不是我們的家，而是我們的教室；當你結束最後一世輪迴，就不會再回到地球了。我們都是二十一世紀地球教室的同班同學，但也可能在羅馬時代、在三百年前曾經是同學，所以有時你會與某個陌生人有似曾相識的感覺，那是因為你與那人曾在不同的年代、不同的地方當過同學，也許你們曾經在唐朝的長安當過父子，或者在西元前四十四年的羅馬帝國做過夫妻，誰知道呢？

然而肉體的感知是短暫的，會隨著肉體的死去而消亡，你必須知道另外一個三角形，也就是內在感官、內我意識、心靈世界的存在。有一天當你失去肉體感官時，你會改用內在感官，例如，往生的人不是用語言溝通的，而是以內在感官之一的「心電感應」溝通。

曾經有個學員問我：「許醫師，我昨天夢見我在跟一個外國人講話，我明明不會說英文，可是他講的我都聽得懂，我講的他也聽得懂，我們聊得好愉快喔！可是等我醒來，我還是一句英文都不會說。為什麼在夢裡我會說英文呢？」我笑說：「你確定你在夢中講的是英語嗎？其實你在跟那個老外溝通時，使用的不是中文、英文，甚至不是語言，而是心電感應，你是用意念在傳達一切，你使用的是內在感官，只是你忘記了。」或者明明躺在床上閉著眼睛睡覺，卻清晰地夢見往生的親友，夢中的你不是用肉眼看到對方，而是用內在感官。

最後一世輪迴的人死亡後，不會再擁有肉體，以後也不會再以肉體顯現，他使用的身體稱為「靈體」（Astral Body），而靈體用的就是內在感官。賽斯說，內在感官是人類用來感知實相最重要的工具，也是人類一直隱藏、沒有開發的感官系統。所以你一輩子使用的外在感官，其實只是一個影子，你真正用來感知實相的工具，可能至今都尚未浮現。

所以人類不能再待在物質實相的舒適區，而必須開始學習如何使用自己與生俱來的內在感官，也是全我、內我真正的能力。未來的人類會開始覺醒，明白自我意識、肉體感官、物質實相只不過是外在的顯現，也就是《金剛經》上說的「凡所有相皆屬虛妄」。如果你想了解宇宙的本質，你用的不會是望遠鏡、太空船，如果你想真正了解一個人，用的也不會是外在感官，而是你的心，也就是內在感官。

## 你不知道的心靈世界

除了肉體所在的物質實相，還有一個內在的心靈世界。心靈世界包含了轉世的世界、可能性的世界、未投胎前的你、你的生命藍圖與其進度。

很多人覺得心靈世界又看不到，誰知道它到底在哪裡？我媽媽以前就問過我：「賽斯是在哪裡啊？你叫我要信賽斯，但你也沒有個東西讓我拜，我要怎麼信啊？」聽得我哭笑不得。人們都在尋求有形的東西，但你開始接觸身心靈觀念、開始學會相信自己、使用內在感官之後，你會慢慢發現心靈世界並非無形，它甚至比你看到的有形之物更具體。

人類處在第三度空間，空間與空間會重疊，不同空間的人看不到彼此，也不會互相干擾，就像人類在找外星人，但其實外星人就在你身邊。我們跟所有的宇宙生物緊密共存，只是我們與之身處不同的空間，不知道彼此的存在，但其實空間與空間是可以彼此穿透的。

所以你往生的親友，若是跟你有因緣，便會常常回來看你。若在地球還有因緣的往生者，下輩子還會來投胎，他就會常常來地球，也許看看這個世界的風景，也許看看老婆改嫁了沒有？兒子生小孩了沒？孫子結婚了沒？他會關心與護持家人，絕不會危害他們。

假設你的爺爺已經往生，他會回來看你，你看不到他，因為你使用的是肉體感官，而爺爺使用的是內在感官，你的視覺被肉體感官和自我意識屏蔽了。但你可能會在某個時刻，突然感受到爺爺的溫暖，或突然想起小時候爺爺帶你出去玩的畫面，一種溫馨的感覺湧入心頭，所以說，人的內在感官一直在作用，你的內在感官已經感應到了爺爺。

心靈世界也包括人死後的世界、等著要來投胎的世界，以及從別的系統來的、準備要到地球體驗輪迴轉世的靈魂，或離開地球輪迴系統、準備要投生到其他系統的靈魂等等，如果人生是一場戲，活著的我們正在舞台上表演，那麼往生者、即將投胎地球者、在兩世之間稍作休息者便都集中在後台。

靈魂來到人間就是一場冒險，許多靈魂在地球玩得太累，不得不在兩世之間休息一世，所以你跟你老公的因緣未必是前世結下的，而是在前世的前世，或許上一世他在休息；有些靈魂並不想那麼快回到地球，除非是對地球有很強烈的執念者，才會很快又被吸進輪迴裡。

而地球輪迴系統不過是宇宙千億、千兆個系統之一，還有結束地球輪迴、要到其他系統，以及來自其他系統的靈體，全都集中在後台暫時待命，如同結束訓練等著分發的新兵般集結，而這個「後台」在死後的世界就叫「中層」，層次不是太高也不是太低，你就知道整個宇宙有多寬闊，完全是超出人類所能想像的。

## 預知最好的可能性，做出最佳的決定

你看過電影《ＭＩＢ星際戰警三》（*Men in Black 3*）嗎？其中有一個天龍人葛芬，是個非常討喜的角色，他的特質之一就是：可以看到未來所有的可能性。每一件事的發生，都會像漣漪般地帶動許多可能性，而人的一生就是在操作各式各樣的可能性。

舉例來說，我在某個演講會場上不小心打翻了桌上的一杯水，這個動作有可能影響到某個人的一生，會場的管理員可能是第一天上班，就因為我打翻的這杯水，讓他被老闆訓了一頓，他一個不高興就不幹了。喜歡做菜的他，決定去銀行貸款開一家小吃店，他的好手藝以及對料理的熱情，讓小吃店生意興隆，幾年後他又開了分店，最後成了連鎖餐廳之王。當管理員幾年後，升為副理、經理，然後退休，是一種可能性；辭去工作自行創業，成為連鎖餐廳的老闆，也是一種可能性。

那年我辭去新北市聯合醫院精神科主任的職務，自己出來開診所，請我大姊當診所的會計主任，於是她從土城搬到新店，住在診所附近，她自己、她的家庭、她的小孩的命運也跟著改變了；如果我一直在醫院上班，我大姐繼續待在她原來的工作單位，直到退休，他們一家人也許會一直住在土城，過著跟現在不一樣的人生。我的決定改變很多人的命運。

正因為一個人的未來有很多可能性，於是人們會開始「算計各種可能性」：我做這件事跟沒做這件事，命運有什麼不一樣？我娶（嫁）了這個人、我離婚與不離婚、許醫師在民國七十六年有沒有接觸賽斯心法，命運會有什麼不同？過去人們並未覺察到這件事，不知道當下做的決定，影響著未來哪些命運。而《ＭＩＢ星際戰警三》的天龍人葛芬，就一直在大量計算每件事的發生造成哪些事的可能性。

談到未來的可能性，《早期課》裡有段非常有趣的描述，有一次魯柏和約瑟到佛羅里達玩，當時他們身上的錢不多，大概只有三、四百塊美金。賽斯跟魯柏說，如果當時他們留在佛羅里達，可以先租一間房子，說服房東將本來六個月的押金降為一個月押金，兩人再去找工作，那麼未來約瑟在藝術的領域會發展得很好。

但當時魯柏和約瑟沒有勇氣，而且約瑟想要回到父母身邊，賽斯說：「你有沒有發現，其實你爸媽並不那麼希望你回到他們身邊？」約瑟如果待在父母身邊太久，他們可能會因為一場車禍而離開這個世界。而魯柏如果跟父親一起住，那麼魯柏公司的經理可能會跟魯柏的爸爸發生衝突，而魯柏的爸爸會在這個衝突中被殺死，並不是說約瑟或魯柏害死了他們的親人，而是他們待在父母身邊會導致這些可能性的發生。

你聽過「菩薩畏因，眾生畏果」這句話嗎？當菩薩看到一段因緣時，祂已經預測到所有可能性的變化，但眾生看不到因，只能在每次當下用理性推測去做決定，造成的結果可能並不圓滿。然而內在感官不受時間與空間的限制，如果你能利用內在感官，去感知未來的各種可能性，就能選擇你最喜歡的可能性，並依據它做出最好的選擇。

可惜很少人這麼做，因為我們不相信自己，也不知道每個人天生都配備了一套內在感官，所以很多人都對未來感到很茫然，為許多事情苦惱，例如：

「我不知道要不要找新的工作？」「我不知道要不要搬家？」「我不知道要不要離婚？」「我發現老公有小三，不知道要不要跟他吵架？」「我不知道過完年要不要退休？」等等，有無數個「不知道」，你很想冒險，卻又不敢踏出那一步。但如果你會使用內在感官，就能預知自己未來的吉凶，省去煩惱和猶豫的時間，更快做出行動，達到你的目標。

## 你與眾人前世今生的關係

我不是佛教徒，所以不講佛教的因果論，但我接觸過很多個案，有個案說：「許醫師，我跟我老公生了兩個小孩，但我覺得我們家有三個小孩，我老公就是那第三個，而且是最固執、最顧人怨、最不聽話的大小孩。」也有個案說：「許醫師，我覺得我娶的不是一個老婆，而是一個媽，一天到晚囉哩叭嗦、管東管西，我都快崩潰了！」還有個案說：「許醫師，我覺得我媽媽很奇怪，只要我爸爸站在我這邊，她就很不爽，我跟爸爸互動比較親密一點，她就很抓

狂，經常為了我在吵架，搞得我好像是他們之間的小三，我都不知道該怎麼辦才好！」一這些感覺都是正常的，你今生跟某人是夫妻、跟某些人是親子，那是你使用肉體感官得知的；但是當你使用內在感官時，就會慢慢明白你們前世是有關係的，你老公前世可能是你兒子，你老婆前世可能是你媽，妳爸前世可能是妳的情人。

為什麼今生你們有新的關係呢？賽斯在《早期課》中說過，你在轉世輪迴中欠下的債是要還的，包括人情債、親情債、世俗債等等，你得還完所有的債，才能離開地球這個輪迴系統，於是今生你們的角色重新排列組合了一番。不過你放心，這些債務不涉及懲罰、罪行或業障，只涉及學習與功課。而且每一世都個別獨立，前世債前世還，與今生相關但互不相欠。

你在做夢的時候，不同世的自己會藉由夢境來告訴你，你跟某個人在前世的關係。所以你的夢境有一部分是你在其他世曾經發生的事，因為夢是不同世的自己彼此聯絡的管道，前世的你透過夢境讓你知道他的狀況，藉此解決你今生遇到的困難，雖然你醒來後可能不記得，但所有轉世的記憶都存在你的個人潛意識裡。而在個人潛意識之下，則是整個人類的集體轉世記憶，也就是心理學家榮格說的「無意識」。

## 神奇的內在感官一直都在

你看過風吹樹葉嗎？我們看不見風，但是當我們看見樹葉在飄動時，就知道有風吹過來了，我們看到的是風引起的效應，那無形的風便是心靈世界，樹葉則是物質實相，而心靈世界一直在引導著物質實相。

我一直在倡導身心靈的治療，但治療疾病時，我並不主張「不用開刀、不用吃藥」，手術和藥物只是在治療肉體，的確有一定程度的效用，如同要讓風中的樹葉停止飄動，你可以用夾子夾住它，讓它暫時不動；但如果你沒有找到那陣風，也就是生病的內在原因，例如不快樂的心靈、扭曲的情緒、壓抑的能量等等，一旦你放開夾子，樹葉便又隨風飄動，你無法真正讓樹葉靜止，也就是無法讓肉體真正地康復。

如果物質世界是假，心靈世界才是真，那為什麼物質世界如此具體真實，心靈世界卻是虛無縹緲、無形虛幻得抓不住？那是因為我們從來沒有使用內在感官，一旦開始學習使用內在感官，就會發現其實物質世界才是虛幻的。

什麼是內在感官呢？賽斯談到的內在感官，包括：內在振動觸覺、心理時間、感覺基調、千里眼、心電感應、感知過去現在與未來、觀念的感官、認識見多識廣的本質、對基本實相的天生知識、組織囊的膨脹或收縮、擺脫偽裝、能量人格的擴散等等。

舉例來說，某一年，我帶我太太去宜蘭上課，課後前往羅東的民眾活動中心，準備在那裡演講，到了那個地處偏僻的活動中心後，太太跟我說：「待會兒你演講時，我想去附近走一走。」我當下有個預感：「這樣安全嗎？會不會被搶劫？」但我平常不是那麼無聊的人，不會一天到晚擔心這個擔心那個，於是我開始自我覺察，問自己為什麼會突然這麼想？

我本來想提醒太太：「我看外面不一定安全，這是鄉下地方，又快要過年了，妳還是別出去。」但是講這種話不是我的風格，也沒有這樣的習慣，所以我什麼也沒說，就上台演講去了。

結果我在台上說著說著，我的意念就開始起了變化，彷彿覺得太太就要被搶劫了，甚至有點後悔，當時為什麼不阻止她，叫她不要出去？後來演講結束，她朝我迎面走來，激動地表示：「我跟你說，剛才發生一件很可怕的事。」我說：「妳被搶劫了對不對？」太太嚇了一跳：「你怎麼知道？」

是啊，我為什麼會知道？因為我使用了內在感官。我相信不只是我，很多人都有類似的經驗，只是他們沒有繼續挖掘探索這個能力。太太繼續說：「我剛剛想去 7-Eleven 買個東西，走著走著突然感覺有人從右後方靠近我，大概只距離我一．五公尺，我心想路那麼寬敞，你幹嘛走得那麼靠近我？結果我回頭一看到那人的眼睛，就知道他要搶劫我。」我十分不解：「妳看他的眼睛就知道他要搶劫你？搶劫的眼神是長怎樣？妳又沒被搶過，怎麼知道那就代表他要搶劫妳？」太太說：「我也不知道，反正就是一種直覺吧！」而「直覺」也是一種內在感官。

我太太還注意到這個年輕人身後大約十公尺處，還有一個年輕人跟著，可能是這個年輕人搶了我太太的包包，就打算丟給後面的年輕人，拿了包包就會立刻跑開。我接著問：「然後呢？妳怎麼應對？」「我瞪他啊！」同時她也看到不遠處有一間麵店，店裡燈光是亮的，有客人在吃麵，她立刻衝向麵店大叫：「老闆娘老闆娘！有人要搶劫！」老闆娘嚇了一跳：「在哪裡？」那兩個年輕人見狀就立刻跑掉了。

還好我太太逃過一劫，她的包包可值錢了，因為裡頭有我兩萬塊的講師費、一包三萬塊的現金、兩支新的 iPhone 手機，以及我的十幾張卡，整個包包加起來價值十幾萬，雖然包包本身只有幾千塊。

在這個事件中，有三個內在感官在運作，一是我的預感，她出門前我預感到她會被搶劫；二是心電感應，在台上演講必須全神貫注，基本上不會想到其他的事，但「有人要搶劫我太太了」的意念卻突然冒出來，其實就是一種心電感應；三是直覺，她的直覺告訴她有危險要發生了，她才會出其不意地回頭瞪人，把對方嚇了一跳。很多時候內在感官的確會幫助我們逃離可能發生的災難。

所以你不必羨慕崇拜哪個大師有神通，也無需外求，因為神通是每個人與生俱來的能力，只是你沒有去開發而已。這也是我一直想做的事，就是幫助人類轉變成身心靈通達的新人類，因為未來的人們會有很多內外挑戰，包括惡劣的經濟情勢、政治情勢、氣候變化等等，若不轉變，很難解決紛至沓來的問題。

自我意識一直用肉體感官在看待物質實相，它只看得到當下這一刻，卻看不到未來，所以人會對未來感到恐懼或缺乏信心，在遇到困境時，會感到絕望、恐懼、痛苦、悲哀，但這其實都是自我意識在搞鬼，也就是所謂的「我執」，自有人類文明的數千年來，自我意識早已被物質世界汙染殆盡，很難找回快樂、平安與自在。

但如果自我意識能回到心靈世界，內在感官自然會顯現，每個人都可以使用內在感官去認識自己、了解自己為何在此，並看見自己的未來，進而解救自己，讓自己過上更富足、更快樂的生活。因為對內在感官而言，過去、現在、未來同時存在，賽斯在《未知的實相》裡也說過「當下是威力之點」，你可以透過當下的改變，創造未來新的可能性，就像那天晚上我太太使用了她的內在感官，改變了她會被搶劫的未來。當所有人類都有意識地去改變自己的命運，為自己創造美好的未來，那麼人類的整體命運也就改變了。

若你想要開發內在感官，可以做兩個練習：第一，透過靜坐冥想或使用內在振動觸覺，去感受天地宇宙萬物；第二，練習進入心理時間，脫離物質實相的鐘錶式時間，進入宇宙的本質，去感覺內在的平安與喜樂。進入內在心靈的過程中，你會收到來自未來的你的訊息，請你傾聽內心的聲音並信任它，接受內在宇宙能量的導引，大膽地迎向你的人生。此時，過去的你、未來的你、各方的力量都會來幫助你，你的生命就會開始不一樣了。

# Chapter 4
# 慢活

## 寧靜自在向內觀照

慢活有點像生活禪，也就是在日常生活的行住坐臥中，慢下自己的腳步，喝茶就專心喝茶，吃飯就專心吃飯，細細品味當下的感受，沒有什麼事情要煩惱、要解決，也不欠缺什麼，生命在那一刻只有圓滿和自在。

在我接觸的諸多個案中，發現有不少成年人不知道如何照顧年邁的父母，父母的往生、生病、經常進出醫院等，造成很多年輕人的痛苦和磨難，而老人家本身也面臨了很多問題，包括：身體的衰老與病痛，跟兒女、媳婦的相處問題，甚至有不少因不知如何跟年邁的父母相處、而造成身心障礙的成年人，就連修習身心靈觀念和賽斯心法多年的我，有時也不知道怎麼跟我爸媽相處。

我有位憂鬱症個案，她和先生都是退休老師，她退休後很開心，想著可以跟先生到處去旅遊，享受悠閒的退休人生，但她的公婆特別喜歡她先生，所以先生經常要回鄉下做孝子，每個禮拜回老家三次，加上過夜一次，她希望先生可以多花點時間陪她，先生卻說：「我要是沒回去，爸媽的飯就吃得少，他們就是喜歡跟我在一起，其他兄弟姊妹怎樣我不管，我是我爸媽生的，就應該要盡孝，妳計較這些有什麼用？」她其實不希望先生回去照顧公婆，覺得照顧公婆是媳婦應盡的責任，可她自己又不想照顧公婆，然而這些想法她都不敢說出口，長期下來，她便慢慢陷入憂鬱了。

## 老人家不會表達，經常有口難言

我個人認為照顧老人家並不難，但是跟老人家「相處」很難。記得我爸爸還在世時，有一次我要請爸媽吃飯，光是找餐廳就找了很久，又要合口味，又要老人家能吃的，好不容易才訂到餐廳。吃飯當天我和太太走路到我爸媽家，在樓下叫了計程車要一起去餐廳，沒多久只見我爸爸穿著短褲、拖鞋走了出來，我整個臉霎時都綠了。

雖然我們要去的不是多高級的餐廳，可好歹也是家西餐廳，我覺得穿拖鞋可能進不了餐廳，於是好言相勸：「爸，你至少也要穿雙涼鞋吧？」結果爸爸臉就拉下來了：「不然我不要去，你們去就好了。」我聽了為之氣結，拜託老爸，「這時候不要耍性子好不好？」

後來好說歹說，爸爸才心不甘情不願地上樓換長褲和球鞋，我、太太、我媽媽和計程車司機四個人在樓下等他，等了幾分鐘之後，我覺得不對，就跟太太使了眼色：「這下上去不知道會不會下來，妳上去盯著，把人押下來。」還好最後我們一家順利去吃了飯，但這一切真是令人疲憊啊！

事後我想想，這其實是雙方溝通的問題，第一，老人家穿鞋子不方便，不是我爸爸不配合，而是要他彎下身去穿襪子、穿球鞋是一種折磨，如果是有退化性關節炎的老人家，那就更痛苦了。第二，我後來聽說爸爸之前有一天，騎腳踏車不小心跌倒，膝蓋擦破了皮，穿長褲會摩擦傷口不舒服，所以才穿了短褲。

其實膝蓋受傷只要消毒擦藥，在傷口上貼個紗布，穿長褲就不會摩擦到了。聽來是很簡單的解決方式，但我若這麼跟爸爸說，他肯定還是心裡會受傷，因為每個老人家都有他的自尊與自卑，所謂的自尊指的是：他不想讓孩子擔心他，他認為那會加重孩子的負擔，也是對孩子的一種愛。其次是老人家年紀慢慢變大，身體開始出問題，內心也會生出自卑的情緒。

後來我跟太太說：「妳找一天騙爸爸說有鞋店在打折，帶他去買一雙涼鞋。」為什麼要騙他？因為如果你要幫他買一雙涼鞋，他永遠都會回答你：「涼鞋我已經有好幾雙，不用買了。」花孩子的錢會讓他不自在，只有騙他東西很便宜，他才願意接受你的餽贈。

做父母的都希望自己對孩子是有用的，會想幫孩子做很多事；而孩子為了孝順，往往不讓父母幫忙，會對他們說：「不用啦，這樣太麻煩你了！」但其實有時候你就是要麻煩他們，讓父母做他們能為你做的事，讓他們對你的關心有個出口，讓他們覺得自己的存在是不可或缺的、對你是有正面貢獻的，而不是你的負擔。

我爸爸彎不下身，膝蓋又有擦傷，所以穿短褲、拖鞋對他來說既快又方便，但他卻不肯告訴我，因為他從來沒有學過「表達」，不知道如何解釋自己的困境。就像電影《人生決勝球》裡，男主角蓋斯．羅貝爾是著名的球探，他有一種神奇的能力，可以不看電腦分析數據，只聽球員揮棒跟球進入手套的聲音，就能知道球員的程度。後來蓋斯年紀大了，眼睛的黃斑部有了病變，使得他視力變差，經常看不清楚面前之物，就會不耐煩地發脾氣，甚至有一次經過客廳，隱約看到某個東西擋在前面，便一腳將它踹開。每次蓋斯發脾氣，就表示他遇到了困難，但他放不下自尊，不敢跟人說，又怕女兒擔心，寧可冒著出車禍的危險，也不願麻煩女兒接送他。很多老人家都有我爸爸和蓋斯這種「有口難言」的問題。

## 年長者面臨的困境比你想像的多

人年紀大了，會面臨很多以前不曾經歷過的事，例如很多老人家就不知如何面對自己身體機能的下降，只能戰戰兢兢地過日子。其次，老人家容易罹患慢性病，要經常跑醫院，這種轉變也會造成他們的心理壓力。還有，不習慣退休後家務由外傭代勞，而導致心緒不佳，這種苦頭我吃很多，我媽媽和照顧她的外傭一度令我心力交瘁。台灣老人家普遍不喜歡家裡有外人，他們對外傭沒有安全感，擔心外傭會偷家裡的財物，所以這一點也會成為老年生活中的問題。

因為年紀大了，失去了收入、身分、地位和價值感，最可怕的是面臨即將到來的死亡，就連與配偶、家人相處的時間增加，也都是年長者的困境之一。我就曾經遇過一位個案，她很焦慮地對我說：「許醫師，怎麼辦？以前我有很多自己的時間，後來我先生退休了，我們兩個就開始吵架，他整天沒事幹，什麼都要管，我去哪裡都要先跟他報備。」很多男人退休後變得很沒安全感，常常對老婆說：「只是去菜市場買個菜，穿那麼漂亮幹什麼？」「妳每次去買菜都只要半小時，今天為什麼花了四十分鐘？」「妳今天去誰家了？把對方的電話給我，我問問看妳是不是真的去她家了。」夫妻相處的時間增多，衝突也就跟著增加了。

而且老人家空閒的時間多了，卻又不知如何打發，想要別人陪他，但別人不一定喜歡陪他，時間實在太多，不知道該做什麼，最後就只能用來「生病」了。老人家只要一生病就有事做，早上跑慈濟醫院，下午跑耕莘醫院，明天跑台大醫院，後天去和信醫院，生活立刻變得忙碌又充實，你不知道他究竟是真的生病了，還是他的內在驅使他大病小病不斷，以擺脫孤寂無聊的生活。

此外，老人家還要面對親朋好友的離世，不時在算著誰還在、誰已經走了、下一個又輪到誰，每次親友見面都是在某個人的告別式上，他們心裡也會害怕。而且他們不知道怎麼交新朋友，以前的舊朋友也不知道要怎麼聯絡。還會被認為不需要性生活，沒想到性生活也能成為老年人的難題。

## 《陪你到老》教你如何照顧老人家

沒空照顧小孩子，可以送他去幼稚園，孩子功課不好，可以請家教，小孩青少年時期不乖，可以送到中南部的寄宿學校，來個眼不見為淨。可是，你的爸媽你能送到哪裡去？根本沒地方送，也沒人要收好嗎？尤其老人家還手握將來可以留給你的財產時，更是令人為難。（喂！）

想要關心老人家，他們又經常不領情。我有一個學員的爸媽就是如此，他們勤儉成性，沒吃完的食物捨不得丟，就一古腦兒往冰箱塞，叫他們不要吃過期的食物，但他們都不聽。最後她只能使出殺手鐧：每次回爸媽家，就叫弟弟把老人家騙出去，她再用最快的速度把冰箱清空，擺進新鮮的食物；可是等爸媽回家看到冰箱內煥然一新，卻罵她浪費食物。她氣惱地說：「我明明就是為他們好，為什麼他們都不聽我的？」年輕人看的健康資訊多，很容易對年邁父母的健康感到焦慮，雙方因此經常起衝突。

我常講一個笑話：有隻兔子去河邊釣魚，第一天沒釣到魚，第二天也沒釣到魚，第三天還是釣不到魚，就在兔子很沮喪的時候，突然有條魚蹦出水面，跟兔子說：「拜託你不要再拿紅蘿蔔當魚餌來釣我們了！」兔子最喜歡吃紅蘿蔔，牠就以為別人也喜歡吃紅蘿蔔，所以拿它當魚餌。我們以為對父母最好的方式，卻未必是他們想要的，到底要如何照顧老人家，又要如何跟他們相處呢？

後來我看到賽斯文化出版的書《陪你到老：從改變信念做好長者照護工作》，讀完之後很感動，這本書非常地實用，很貼近我們的生活，內容講述：在照顧父母的過程中，從每個衝突、痛苦的經驗裡，我們可以了解自己有什麼信念，繼而選擇如何處理這些信念，好讓自己的照顧者生涯更順利、人生更順遂。

書中除了提到老年人面臨的問題之外，也談到老年人需要做些什麼，去改善自己的生活品質，例如認識健康生活模式的重要，學習如何管理慢性病，良好的生活作息及正確的藥物服用，才不至於天天跑醫院。還要尋找生活的意義以及做為長者的價值、重新尋找自己的定位、調整與家人相處跟溝通的模式、不怕由零開始發展新的興趣、學習面對他人跟自己的死亡、探索自己性需要的方式。

書中收集了九個案例，比如父母親有高血壓和糖尿病，子女該如何照顧他們，在飲食和作息上要注意什麼，又要如何做調整？如果父母親有老年癡呆症，不小心走丟了怎麼辦？很多老人家都有憂鬱的問題，又要如何處理？

在照顧老人家的過程中，我們要如何為自己的生命品質加分，不要因為盡孝道而犧牲自己，沒有一個老人家會想成為年輕人的負擔。記得吧？賽斯心法從不鼓勵人成為犧牲者或受害者，這本書要教導我們的是透過跟年老父母親的相處，慢慢學會自我覺察，並運用所學的身心靈觀念，使其成為我們學習成長的過程，不再只是擔憂、憤怒或謾罵，而是一段開心喜悅的時光。

如果你不知道如何跟長輩相處，麻煩你去看這本書，可以從書裡學到跟老人家相處的訣竅；或者你年紀大了，不知道如何跟孩子溝通，你可以把這本書拿給孩子，告訴他這就是你目前的處境，等他看完這本書，就不會再折磨你這個老人家了。

## 「慢活」需要練習，需要放過自己

這個世界的經濟一直在突飛猛進，讓我們不得不緊緊跟隨它的腳步，一旦落後，可能就沒有立足之地了，但人是會累、會感到疲憊的，而且這一切其實都是外求，有時你擁有的物質愈多，內心反而愈空虛，所以才需要放慢腳步，學習如何慢慢活。

然而每次談到「慢活」這個主題，我都要先認罪，因為我也需要學習慢活。我平常動作很快、生活也很匆忙，在接觸到慢活的思想後，我開始自我覺察，發現慢活並不容易，自從我一九八七年接觸賽斯思想幾十年來，我幾乎把自己的時間全都塞滿了，每天要做的事很多：看診、上課、演講、寫書、校稿等等，我都很想趕快把事情做完，即使修習賽斯心法多年，我也未必能時時刻刻活在當下，享受其中的過程。有時只是喝一杯咖啡，我也未必能靜下心來專心品味，享受那短暫的悠閒時光，好好地跟自己在一起。

那時我突然覺得，人生不能把所有的時間都放在「向外」，我要多花一點時間進入內心世界，跟我的內在心靈連結，努力讓生活慢下來。後來我開始減少行程，試著學習慢活。

我記得慢活思想是由歐洲蔓延開來的，人們開始思考：「為什麼我們會過得如此匆忙？」倡導人們擺脫對物質的迷戀，減少壓力、加班等，找出工作與生活的平衡，重新過回簡單的生活。這個新的簡單生活形式於九〇年代開始出現在主流媒體，且人氣不斷上升，尤其在美國、英國、紐西蘭、澳大利亞特別流行。

所謂的「慢活」並不是指外在動作很慢，或者時間多到不知如何打發，我個人對慢活的定義是「增加生命的深度」。現代人活得心浮氣躁，每天都很忙，卻不知道是忙得充實，抑或只是瞎忙一場。記得有一次我帶學員們做賽斯心法的靜坐練習，結束之後，有個第一次靜坐的學員驚訝地說：「許醫師，我從來不知道我的心這麼亂，我明明安靜地坐在那裡，腦袋卻亂成一團。」不管是在公司上班還是下班回到家裡，我們幾乎時時刻刻都會讓自己有事做，於是當我們安靜地坐下來、什麼事都不做時，會突然發現自己的心靜不下來。

在我輔導的個案裡，很多人在生活忙碌時，身體都沒什麼事，因為他們的注意力分散在工作和生活中，但是有一天，他們不再忙碌，甚至只是安靜地坐著，就開始感到焦慮不安、心思紛亂。對這樣的人來說，慢活就是一大挑戰，他們得先安定了自己的心，才可能真正地慢活，並且散發出平和的能量。

其實慢活有點像生活禪，也就是在日常生活的行住坐臥中，慢下自己的腳步，喝茶就專心喝茶，吃飯就專心吃飯，細細品味當下的感受，沒有什麼事情要煩惱、要解決，也不欠缺什麼，生命在那一刻只有圓滿和自在。

## 賽斯心法中的主要事件和次要事件

有一陣子我在研究賽斯心法講的主要事件和次要事件，我們內在的心靈世界就是主要事件，我們所處的物質世界則是次要事件，而宇宙基本能量透過集體內我意識，轉化成肉體感官可以看到的物質現象，我們看得見、摸得著的世間萬物，其實全都來自心靈世界。所以一個人若心裡不快樂（主要事件），看出去的世界（次要事件）也不會有快樂，甚至看到的每一個人（次要事件）都覺得討厭。

我們這一生遇到的人事物都是次要事件，包括一輩子跟物質實相打交道的過程。許多人一輩子都在處理次要事件，一輩子都被次要事件所迷惑，因為他們沒有找到自己的本心，不知道「心」才是一切萬物的根本。

假設現在發生了一起車禍，表面上看來是甲車闖紅燈，撞上了乙車，造成了這場車禍及傷亡，這整起事件都是由能量形成的，而這股能量源於車禍的兩個當事人內心產生了能量騷動，導致車禍發生在他們身上，要知道每一件事情的發生，都是因應我們的起心動念。

生病也是，以癌症為例，罹患癌症是次要事件，不管是使用化學治療、物理治療還是開刀治療，都是次要事件，主要事件是患者的心出了問題，他可能一直都過得不快樂、可能承受了很多年的壓力、可能內心充滿了負面能量。而他接受的治療都只是在處理次要事件，卻沒有處理到心靈、情緒、感受、思維等主要事件，那麼他想完全康復可就難了。

有一年，我在板橋分會帶團療的時候，有個學員宣稱台電派人入侵他家，他提供了很多文件證明，還跑去警察局備案、跟警察拍桌子，警察也真的到他家去勘查，但他們家的門窗沒有遭到破壞，財物也沒有任何損失，警方認為他家並沒有被人入侵，但他不相信，又跑到法院要告台電的董事長、總經理。

當時我研判這位學員患有妄想症，於是問他：「台電有沒有派人入侵你家這事，只是次要事件，你知道主要事件是什麼嗎？」他問：「是什麼？」我說：「主要事件是內心的感受或情緒，你心中有強烈的不安全感，擔心隨時有人入侵你家。你覺得有人入侵你家時，求助於警察和法官，卻發現所有人都不支持你，這讓你覺得很孤單，也使你有一種孤獨無助的負向人生觀。」

有位癌症復發的個案來看我的門診，她說：「許醫師，自從我和我先生結婚以來，我盡心服侍我老公，為他們家生兒育女，累了十幾年，可是我老公一天到晚忙公司的事，經常不回家，外面不但有小三，還有小四；我叫我兒子好好念書，他卻一天到晚逃學打架，我女兒明明考上了台大，卻不去念，非要去南華大學念什麼生死學系，那個畢業出來能幹嘛？我都快氣死了，為什麼每件事都不如我的意，你說我怎麼快樂得起來？」

我聽完後，跟她分析了何謂主要事件和次要事件，然後說：「老公外遇、兒女不聽話都是妳人生的次要事件，但妳被這些次要事件迷惑了，而忽略了妳的主要事件。」個案聽得有些摸不著頭腦：「那我的主要事件是什麼？」我說：「妳的主要事件是：妳覺得自己沒有價值。妳回想一下，妳是不是從結婚之後就一直都不快樂？妳有很多的不安全感，因為妳沒有外出工作賺錢，覺得自己對這個家沒有貢獻，妳很擔心自己被取代。妳覺得孩子功課不好、沒上好大學，讓妳很沒面子，讓妳對夫家無法交代，所以妳很自責，也很害怕自己是一個不夠好的媽媽，妳的內心有很多恐懼，這些才是妳的主要事件。」

正是個案內在的不安全感、自責和恐懼，形成了一個負面的磁場，吸引了外在不好的事件發生，唯有個案面對自己內心的主要事件，才能解決她外境的次要事件，包括婚姻和諧、家庭美滿，並治好她的癌症，使之不再復發，得到真正的解脫與自在。

我們學習身心靈觀念，求的無非是四個字：解脫自在。而真正的解脫與自在，絕不像社會上說的「我要存到五千萬，甚至存到一億，那我就能安心退休了」、「如果我每個月有幾十萬的被動式收入，那我這輩子都能自由自在地生活了」之類的，如果你心中充滿不安全感，就算有幾十億的資產，你還是覺得不夠，還是會拚命向外抓取，因為外在的物質多寡不等於你內心的解脫與自在。

唯有掙脫外境的次要事件紛擾，看清自己內心的主要事件，才可能變得樂天知命、隨遇而安，當你眼中所見都是正向的人事物時，表示內心已正向清明，你的細胞也一定會跟著改變。

## 賽斯心法的六大生命法則

一個經常自我責備、自我否定、自我厭惡的人，身體一定健康不到哪裡去，或多或少都會引發自體免疫疾病。因為患者討厭自己，所以發動了自體免疫系統去攻擊他的身體。人之所以生病，往往是內在負向能量累積的結果，而負向能量源於負面的基本精神習慣，而這種習慣已經違背了宇宙的生命法則。

賽斯書《健康之道》第一〇一頁曾提到「六大生命法則」，就是：

一、**我是個極好的生物，是我存在的宇宙裡的一個有價值的部分。**

一個人的生活之所以能慢下來，可以寧靜地向內觀照，是因為他認可了自己的存在。一個人的存在不是因為他做了什麼，而是因為他的本質，而他的本質就是一個極好的生物，唯有他打從心裡認可自己的價值及正面意義，才可能散發正向能量。

二、**我的存在蓬勃生氣了生命的所有部分，正如我自己的存在也被其餘的造物所蓬勃生氣。**

所以光是你的存在，就能帶給這個世界正面的能量，你跟這個世界有著愛的互助合作；而這個世界的正面能量，包括風在吹、鳥在飛、晴天或雨天、負離子、芬多精、眾生的一切作為，都在豐富你的正向能量。

三、**對我而言，生長、發展及利用我的能力，是好的、自然的且安全的，而在如此做時，我也蓬勃生氣了生命所有其他的部分。**

生命即表達，生命就是不斷地學習、不斷地展現內在的能量、不斷地發光發熱，以及不斷地愛自己、做自己。所以靈魂會不斷在地球上輪迴轉世，就是為了學習這些事，以尋求自己最大的價值完成。

**四、我永遠被我是其一部分的宇宙所護持，而我如此存在——不論那存在是否以肉身表達出來。**

我年輕時也常擔心有一天爸媽要是往生了，去到一個我無法照顧他們的世界，我媽媽大字不識幾個，萬一分不清楚天堂和地獄，結果走錯路了怎麼辦？後來我接觸賽斯心法之後便放心了，因為我知道宇宙能量會永遠護持他們，無論在他們生前或死後，都會被照顧得很好。

因為我們是宇宙能量形成的，自然也是宇宙能量的一部分，它會永遠護持著我們。無論你是念經打坐的佛教徒，還是已經受洗的基督徒，不管你有沒有捐錢、有沒有行善積德，就算你不相信任何人，與全世界為敵，甚至你已離開你的肉身，你依然為宇宙能量所護持。你可以沒有宗教信仰，但絕不能沒有這個信念。

**五、我天生就是個善良有價值的生物，而所有生命的元素和部分也都具有善的意圖。**

你要肯定你自己，肯定宇宙萬物與生俱來就有善良的基本意圖，而且深具價值。我是一個醫生，但我要大聲宣稱：不管是H1N1、H7N9、冠狀病毒，或地球上任何一種細菌和病毒，都沒有「主動攻擊人類」的意願，因為一切只跟我們內在的磁場有關。

一旦爆發流行傳染病，醫護人員和流行病學家就開始忙著處理次要事件，他們發明疫苗和新的藥物、尋找防堵病毒的方法，可惜問題不在病毒，而在於我們的心靈能量，是人類集體潛意識裡的恐懼能量，造成了傳染病的大肆流行。

如果你對「你的身體天生是健康的」沒有信心，就只能等著當受害者，如果你相信人天生有自我療癒力，就不容易生病。當你起了恐懼心，你在心靈層面就已經被感染了，真正能保護你，使你免於病毒侵害的方法就是：讓心中沒有恐懼，因為恐懼是一種負能量。

所以你要再三地肯定你的身體天生是健康的，其次你要有一顆安定的心，只要你能讓心歡喜自在了，它就可以帶領你度過許多難關，外在的一切問題，就統統不是問題了。

我上課時，經常要求學員問自己三個問題：第一，「我是否經常在擔心什麼事？」第二，「我的內在是否有強烈的不安全感和恐懼？」第三，「我是否經常有負面思考跟負面情緒？」我希望你的答案都是否定的，如果不是，請正視你的內心，看看它到底要告訴你什麼。

**六、所有我的不完美，及所有其他生物的不完美，在我存在其中的宇宙之更大計畫裡，都得到了救贖。**

我常跟那些害怕犯錯的人說：「你不用害怕、也不用自責你犯了錯，因為這個世界所有的錯誤，早已在宇宙完美的計畫之中得到了救贖，沒有一個人必須單獨為自己的過錯負責。」當然，在我們學習成長的路上，必須學會自我負責，但世上沒有真正的罪，也沒有真正的懲罰，整個宇宙的精神是完美中的不完美，你若能了悟並深信這一點，就能感受到安心喜悅以及當下的自在。

要知道所有的發生都是最好的安排，只是用人類狹隘的觀點，看不到生命宏觀的畫面，而你要做的就是信任自己、信任宇宙，去了解什麼是生命中的主要事件、次要事件，找到內在的力量，並追求更好的價值完成。

# Chapter 5 敞開

## 人類有無限的本質

你所有轉世累積的智慧與能力，都儲存在你的潛意識中，只要你發出意念，便唾手可得。發出什麼樣的意念呢？首先你要願意相信這件事的存在，告訴自己：「如果我有其他轉世的經驗，我要將累生累世的才能在今生整合發揮，並彌補我此生的經驗不足。」

賽斯教育基金會前馬來西亞分會主任普悅是一位很特別的女子，她在一九九五年罹患了乳癌，在眾人的苦勸之下，她選擇了一條異於常人的療癒之路：不接受任何西醫和中醫的介入，堅持用賽斯心法治療自己。

她曾經有兩年的時間病到無法出門，唯一一次出門是為了到機場接我。二〇〇二年七月她的病況非常嚴重，已經瀕臨死亡，甚至有兩個禮拜的時間她連眼睛都睜不開，不得不到診所拿止痛藥，結果醫生直接開給她安寧病房的轉介單。

寫到這裡，我要重申一件事：賽斯心法從來不會建議患者不要接受醫療，而是以身心靈修行為主、醫學治療為輔。在普悅的身上，我看見了人的韌性、耐力以及無限的本質，她在心靈方面下了很大的功夫，包括修復她跟丈夫的關係、對自己內在的探索等等。

學過賽斯心法的人都知道身心靈健康三大定律：第一，身體天生是健康的；第二，身體有偉大的自我療癒力；第三，身體是心靈的一面鏡子。而普悅一直在活用這三大定律，使她一個碗大的癌症患部傷口，開始慢慢長肉，直到結痂痊癒，讓醫生嚇了一大跳，直呼奇蹟發生。

後來有一次，我在中正紀念堂舉辦演講，普悅和她先生也來到現場，我便邀請他們上台說話，那天她說：「我首先要感謝許醫師，他使我的生命全面翻盤，有了全新的開始，雖然過程中充滿了起伏。今天我能站在台上分享我的故事，對我而言是一個極大的鼓勵，因為之前我從來沒想過我還能踏上台灣這塊土地。

「在那段療癒的過程中，我也曾經有過迷惘，曾經懷疑自己這麼做到底對不對，但後來我放下了生死，我曾經在一個以為自己會死掉的難熬深夜裡，對自己說：『如果我真的要離開了，那就離開吧！』然後安靜地閉上眼睛。沒想到第二天早上，我竟然醒來了，我還活著。

那時我心想，老天讓我活了下來，表示生命中一定還有更好玩的學習在等著我，如果有一天我的身體能夠康復，我要做的一件事就是去台灣。因為那裡有太多人支持著我，讓我可以一直學習賽斯心法，它是我這一生以及生生世世生命的引領。

「我記得二〇〇六年九月我第一次邀請許醫師到馬來西亞演講，那是我第一次如此近距離地接觸賽斯心法，同年的十一月，我在自己胸部摸到一個腫塊，我心想：『這是腫瘤嗎？不，我應該不會那麼倒楣吧？』所以也沒去醫院做任何檢查，反正如果是癌症，那就是癌症，如果不是，那還急什麼？賽斯說過，身體有偉大的自我療癒力，於是我抓著這句話滿懷信心，結果情況卻愈來愈糟，腫瘤從一小塊變成一個碗公大。

「我一直問自己：『我到底哪裡搞錯了？怎麼會變成這樣？怎麼就得了癌症？』我沒有不相信賽斯心法，直到今天，我仍然深信『身體有偉大的自我療癒力』，那為什麼腫瘤會愈來愈大、愈來愈硬，還有疼痛的傾向？當時我內心很徬徨，而許醫師一年才來馬來西亞兩次，那時沒有臉書、沒有ＬＩＮＥ，想問他問題也沒得問，於是賽斯書、許醫師的書和ＣＤ、網路電視台就成了我最大的支撐和學習來源，尤其是網路電視台。

「病中的我精神很差，看書看得很吃力，但網路電視台可看可聽，尤其節目中許醫師常會邀請賽斯家族分享自己的經驗，對我來說是很大的鼓舞，從他們身上我看到自己的一些問題，也從許醫師為他們解答問題的過程中，汲取能幫助自己的建議，這兩年我幾乎都是這樣過來的，非常地疲憊。」

聽到此處，我忍不住對台下的聽眾說：「普悅前兩年病得出不了門，被宣布是癌症末期病人，沒有做任何的醫學治療，而是靠自己心靈的力量走出來，從馬來西亞搭飛機到台灣，身體健康、安然無恙地站在這裡跟大家說話，我想全台灣沒有幾個醫生看過這種奇蹟。」

## 身體是心靈的一面鏡子

普悅接著說：「我在去年年初時，病情急速惡化，幾乎無法進食，只能吃一點簡單的流質食物，就是吃白飯，也只能咀嚼之後再吐出來，因為我無法吞嚥。我的喉嚨並不痛，但就是沒辦法吞下食物，就算我勉強吞下去了，之後也會吐出來，在這種情況下，我只能臣服於身體的各種現象，我沒有其他的選擇，在臣服的過程中，我不斷探索自己的內在，因為我一直記得賽斯說的：身體是心靈的一面鏡子。也讓我思索：為什麼我的身體會這麼糟糕？我的心靈究竟隱藏了什麼我不知道的負面能量？」

我問普悅：「人在病得很嚴重時，可能會憤世嫉俗，可能會失去信心，甚至完全絕望，但妳卻能夠活用賽斯心法中『身體是心靈的一面鏡子』來自我觀照、自我覺察，我認為這就是一種修行的功夫，妳能不能告訴大家，這個過程是如何進行的？」

普悅說：「我第一次體悟『身體是心靈的一面鏡子』這句話，是因為我的腫瘤愈來愈大、愈來愈硬，我已經不知道怎麼辦了，但我還是不想去醫院做治療，因為我就是要體驗這個過程，哪怕要以生命為代價，我也無怨無悔。我的外表很瘦小，可我的性格卻很霸道，但我知道我的內在有很嚴重的自卑，所以我就從這一點下手，開始跟我的心靈對話。如果我的腫瘤代表我的心靈，那我就跟我的腫瘤對話，我問它：『為什麼你會愈來愈大、愈來愈硬？』腫瘤回答我：『妳要自大，我就大給妳看，妳要硬撐，我就硬給妳看，妳要我怎樣，我就怎樣，我只是如實呈現妳下達給我的指令而已。』收到這個訊息之後，我開始檢視自己，我為什麼會這麼硬？當然這其中有很多的探索，從我的童年到現在的自己。後來我又問腫瘤：『你再這麼硬下去，我真的會死耶，你能不能軟下來，讓我有一個救自己的機會？』結果更好笑的訊息來了，腫瘤說：『可以啊，那妳軟了沒？妳軟了我才會軟，妳都不軟，我是要怎樣軟下來？我可是聽從妳的意念硬的好嗎？』我一直以為自己生病是身不由己，沒想到身不由己的是腫瘤，它是跟著我的意念走的。」

沒有修行的人總是心由境轉，今天生病了，就一天到晚盯著血壓、血糖數值，血壓血糖一高，人就跟著緊張，尤其是癌症病患，一看到癌指數升高、超音波照到陰影，就開始焦慮了，心豈有安定的一天？

但其實只要心定了，外境就會跟著轉，這個概念非常重要，賽斯心法一直要我們拿回自己的力量，所以要對自己的心境下功夫，只要掌握了心境，外境自然就能隨心所欲了。

普悅又說：「我其實很感謝這個腫瘤，如果不是它硬成這個樣子，我根本覺察不到自己的內在是什麼狀態，於是我開始臣服內在的霸道、強硬與自卑。」

普悅因腫瘤學會了臣服，也慢慢學會放下任性，好好與丈夫相處。此處所說的「臣服」不是認輸，也不是臣服於任何別人，而是臣服於自己內在的神性與佛性。

普悅承認：「我和我先生之間有太多風風雨雨，所以我才會把他氣到滿頭白髮，所以現在很有趣，我這個生了重病的人愈來愈年輕，而他一個健康的人卻愈來愈老。對我而言，學習柔軟是我一生最難搞的功課，可是我的腫瘤已經明白地告訴我不能硬，我只好開始思考怎麼變軟，後來我想到，我跟先生的相處是最直接的，因為我們之間是最不需要客氣的。於是我開始去觀察自己每天跟先生相處時的語氣、心態和念頭，看看自己到底哪裡出了問題。當我的性格慢慢變軟時，我發現腫瘤也慢慢變軟，並且感覺到腫瘤裡，隱隱有一股能量在流竄，但有時那個變化過程很痛，在這種疼痛當中如何不生恐懼，又是另一種學習了。」

人在重病中要不生恐懼真的很難，我當了這麼久的醫生，從沒見過這麼大顆的腫瘤還沒有轉移的，普悅能一無所懼，真的不容易。可見她已經放下了她的自卑、自大和自責，內心充滿了平靜與祥和，才能擁有那麼強大的心靈能量，療癒了自己。

## 處理內在的負面能量，才是頑疾的根治之道

過去我看過太多乳癌患者開完刀，傷口恢復得很漂亮，結果癌細胞還是轉移到肝臟、骨頭、大腦等等。這也讓我思考現代醫學對癌症的治療方式，無論是手術、化療、放療、標靶治療，都只是硬把內在的負面能量壓回去，那些能量當然可能往肝臟、骨頭、大腦流竄。所以很多醫生不明白，自己對患者的治療明明很完美，為什麼癌細胞還是轉移出去了？因為他沒有處理患者內在的負面能量。

後來普悅的腫瘤破裂，代表她開始在面對內在的負面能量，當那些負面能量往外排時，腫瘤裡的膿汁、毒素也跟著往外排。

普悅接著說：「後來我的腫瘤破了，開始流血，我也只用清水處理，不使用任何藥物，也沒有看任何醫生，一切都自己來。傷口結痂後，我一直手癢，就去摳那個傷口，但那次竟沒有流血。我很好奇之前流了那麼多血，不知道腫瘤有沒有變軟一點，於是我就去按按它，結果就有一坨東西噴了出來，我根本不知道那是什麼東西，它流了我一身，我只好叫老公拿衛生紙給我，老公卻忙

著拿手機把這個過程拍下來，於是我拚命擠，不斷有不明物體從傷口流出來，我一邊擠傷口，先生一邊拍，整個過程我都很興奮，一點都不害怕。因為腫瘤終於聽見了我的求救，開始離開我的身體了。

「過去我一直跟腫瘤對話，曾經跟它說：『如果有一天你要排出來了，請往外排，不要往內排到我的身體裡，傷害我其他的器官，我願意接受你任何的呈現，哪怕是排出很恐怖、很噁心的東西。』後來愈擠愈多，每兩三天洗澡都能擠出滿地的『果凍』，順帶一提，『果凍』是許醫師取的名字。後來我戲稱擠果凍為『開刀』，還會跟我先生說：『我今天又幫自己開刀了。』

「當愈來愈多的果凍被擠出來，腫瘤也變得愈來愈軟，而且整個體積變小了，後來擠的時候開始噴血，那血柱的噴濺還是有弧度的，血量少時就噴得近，血量多時就噴得遠，有時噴得我頭暈腦脹。有時我按著傷口，它就不噴血，手一離開傷口，它又開始噴血，那個過程很有趣，我一直在跟腫瘤溝通，跟它說：『我今天精神好，你可以多噴一點。』『我今天頭有點暈，你可不可以少噴一點？』它真的會聽我的話控制噴血量，所以身體是可以溝通的。

「而每噴一次血，我的腫瘤就會變軟一點，疼痛也會少一點，每次噴這麼一趟走下來，我就累得動不了，只能躺床休息，這個過程持續了一年。我這麼一個活潑好動、好勝霸道的人，被這個腫瘤磨到沒脾氣，但它也把我的個性磨平磨圓了很多。

「等到傷口爛到幾乎見骨時，它開始長肉了，那時我也很擔心癌細胞會轉移，所以每天都跟它對話兩回：『謝謝你給我的愛和訊息，我知道一切都是我自己造成的，我很抱歉，請你幫助我，請你將毒素往外排，不要向內轉移。』我每天都會跟腫瘤這樣溝通，從來沒有放棄。每天睡醒的一件事，就是對腫瘤說『謝謝你讓我今天還活著』，每天洗澡時我會跟它說『謝謝你的愛』。

「賽斯說過，腫瘤是我們過去種種沒有處理的負面能量累積而來的，那也是一份貯藏的愛，等著我們去發掘。罹患乳癌是我這輩子一段非常精彩的經歷，雖然它也曾經很恐怖，從一個爛掉的乳房，到現在開始慢慢長肉，這一切都是賽斯心法給我的提醒，教導我一直往內觀察自己的種種，去看見自己負面的部分，也接受自己正面的部分。若不是還有正面的部分，我可能也轉不過來，因為我內心有太多的自責，讓我失去了力量。」

我想天底下沒有幾個人有普悅這份膽識，敢做這樣的事，但不得不說，這個歷程也很符合普悅的個性，她就是這樣的人，不鳴則已，一鳴驚人，我每次去馬來西亞演講和上課，普悅都會上台分享自己的經歷，她不斷地面對內心的自卑，過去的她因自卑而極度強勢，因為她必須不斷證明自己是對的、是成功的，以掩藏她的自卑。

普悅對丈夫也有很深的自責，她說：「這輩子我拖累他很多，他忙著賺錢，我就忙著虧錢，我們是最佳拍檔，但是他真的很累，我也很累——自責得很累。後來我看到我的源頭是自卑，正是因為自卑，我才會這麼地自負自大，愈是自卑就愈想證明自己，愈想證明自己，吃的苦就愈多，這是我很深的體悟。後來我想，爛就爛吧，腫瘤的傷口爛就爛吧，我這個人的性格特質爛就爛吧，我都接受。」

在這個抗癌的過程中，普悅吃盡了苦頭，但先生也很苦，眼看著太太的腫瘤愈來愈大，卻堅持不肯就醫，他急得不得了，你能想像他看著太太這樣擠果凍、擠血，內心有多糾結嗎？

普悅的先生說：「我其實很喜歡藝術，我覺得自己就是一件被刀劍雕成的藝術品，所以我接受了這樣的過程，這期間痛苦和矛盾都有，但我在痛苦矛盾之中也學到了很多。我也曾經很擔心會失去我太太，後來透過賽斯心法的學習，我的心漸漸打開，才慢慢變得比較好過。」

普悅之所以能不做任何治療，還能進步到這種程度，是因為在這個過程當中，她願意慢慢敞開自己，願意去面對自己的內在、願意去相信。她曾經有兩個禮拜陷入昏迷，家人已經開始為她準備後事，但可能因自己的使命、對家人的牽掛與愛、跟丈夫的情感還未有交流等等，讓普悅覺得自己命不該絕，於是她又醒過來了。

記得在一次工作坊上，我請普悅祈求先生的原諒。我並不是說，一個人犯了錯，就要逼著另一個人原諒他，而是很多時候犯錯的人只是在心裡默默自責，卻從未跟受害者說過道歉的話。重點不在道歉和原諒的本身，而是敢於踏出主動的那一步，讓彼此的情感重新交流。

## 輪迴轉世真正的意義

電影《鋼鐵人》第三集非常有趣，因為世上最強的鋼鐵人居然得了恐慌症，他第一次感到什麼是害怕。對鋼鐵人來說，製造鋼鐵衣、穿上鋼鐵衣打擊犯罪一點都不難，最難的是承認自己的懦弱和恐懼。這個橋段也在告訴觀眾：最勇敢的行為不是打敗敵人、變成英雄，而是承認自己的膽小、害怕和懦弱，並且放下自尊心，告訴別人：「我需要你的幫助。」而這亦是賽斯心法裡說的「優雅的求助」。

有一次我在分會上課，課堂上的三位學員分別有胃潰瘍、十二指腸潰瘍、胃食道逆流等消化道的問題。後來發現這些學員有共同的特質，那就是：他們不會向別人求助。他們都很獨立堅強，什麼事都要自己解決，遇到壓力和痛苦都是自己扛，放不下好勝心和自尊心，認為「向別人求助」是一件丟臉的事，代表自己很脆弱、很失敗，更害怕遭到拒絕。無法敞開心靈的人，經常活得孤獨而不自知，長此以往，還會影響身體，造成疾病，鋼鐵人和那三位學員就是活生生的例子。

不過，要談「敞開」這個主題，就不得不提到輪迴轉世理論，我不是佛教徒，也不是基督徒，但人一定會輪迴轉世，這跟所信仰的宗教無關，而是跟宇宙的本質、跟地球系統的價值完成有關。如果有一天你死了，發現沒有輪迴轉世這回事，你大可回來找我算帳，我許添盛概括承受。

賽斯書《靈魂永生》中提到：「不管你相不相信，你就是會輪迴。」直到最後一世，你會離開地球系統，投生到其他的行星系統去。而一個靈魂來到地球投胎為人，至少會輪迴兩世，當然，也有人輪迴了幾十世、幾百世，有些靈魂在輪迴過程中，對世俗過度投入，忘記追求心靈的成長，在該結束輪迴的時候沒有結束，又重新被捲入輪迴，也是常有的事。

輪迴轉世經常被宗教曲解為因果與業障，其實這些都是錯誤的觀念，轉世理論的重點在於人類生命能量的發揮，靈魂透過一世又一世的生老病死來累積智慧，而這些智慧也將為你每一世所用，而靈魂也將獲得更開闊、更多樣性的經驗。

而你所有轉世累積的智慧與能力，都儲存在你的潛意識中，只要你發出意念，便唾手可得。發出什麼樣的意念呢？首先你要願意相信這件事的存在，告訴自己：「如果我有其他轉世的經驗，我要將累生累世的才能在今生整合發揮，並彌補我此生的經驗不足。」

這也是賽斯心法的可貴之處，因為它的使命之一就是：打開人類潛意識的門戶，釋放人類內在轉世的智慧與經驗。當你的生命遇到瓶頸或難局，需要幫助時，可以向你的心靈求援：「我相信我有累生累世的轉世智慧，並且可以為我所用，我願意敞開心靈，讓這些內在的能力來協助我。」只要你開口求助，無論是創業的難題、身體的病痛、婚姻的破裂、人生的各種困境等等，都能得到心靈給予的協助。

## 喚醒英雄式的自己，讓自己一生無悔

有一位乳癌個案，她開刀之後一直持續回院追蹤檢查，且每個月來看一次我的門診，連續看了兩年，狀況都很穩定。有一次她來看診時，我問她：「靈魂每一世的肉身之旅，都有其生命藍圖、特定的使命和挑戰，如果今天妳死掉了，妳可有遺憾？甘不甘心？」

這也是我想問各位的問題，相信你跟很多人的答案一樣，都是「不甘心」，因為有太多人活得渾渾噩噩、懵懵懂懂，總認為自己還有很多時間，因循舊習苟且偷生，直到大限將至，死活都不肯閉上眼睛。所以，如果你今天就死去，你能甘心嗎？有沒有什麼事是你想做還沒做的？你這輩子是否盡情發揮了你的所有才能？

當時那位個案回答：「當然不甘心。」我問她：「為何不甘心？」她說：「第一，我的學歷不夠，我想再讀書；第二，我覺得我這輩子的才能還沒發揮出來；第三，我的生活太平淡了，從來都沒有去挑戰過任何事物。」這位個案當時五十多歲，一生婚姻幸福，先生的工作也很穩定，家裡的事都不需要她操心，她每天就是爬山、跳土風舞、上插花班等等，她從未遭遇任何困境或挑戰，根本沒有機會展現自己的能力，她在人生舞台上不曾發光發熱，自然也沒有什麼成就感，這麼平淡無奇地過完一生，當然不甘心。

我點點頭說：「很好，那妳想做什麼事，現在就去做吧！」她想了一下，猶豫地說：「我想念大學，可是我已經這麼老了，恐怕考不上大學……」我說：「考不上就不要考啊，妳可以去念社區大學，或者出國去念個語文學校，再進國外的大學，或者去學一門技術拿個證照，甚至可以創業開公司，做盡妳想做的事！」她小心翼翼問道：「可是，我身體情況這樣，不是應該好好休息，什麼事都不要做嗎？」我糾正她：「錯！放膽去追求妳的夢想，別讓自己不甘心，妳才會愈活愈健康。」

若有一天，你能高聲說：「我此生足矣，這輩子想做的事都做到了，就算此刻死去也了無遺憾，對自己有交代了。」那麼你來地球這一趟也就值得了。只是大多數的人會說：「我的小孩還小，需要人家照顧，我怎麼可能去追求什麼理想？」「我爸媽都老了，需要我奉養。」「我還有生病的公婆要照顧。」這樣的人為家人付出一切，根本抽不出時間做自己想做的事，等到長輩離世，孩子長大各自獨立，老公（老婆）有外面的小三（小王）照顧，只剩自己一個人時，便開始害怕面對自己了。

很多時候我們用「為別人付出、為別人犧牲、服務別人」做為不用面對自己的理由，因為害怕為自己而活、害怕活出自己。然而人生的使命是利己利人、利益眾生，是盡情發揮自己的專長，展現生命的創造力，藉由你存在的價值來幫助這個世界，如果你能喚醒英雄式的自己，拿回你的力量，你就不再是一個領著失業救濟金的中年男性、充滿無力感的媽媽、看著父母生病卻無能為力的子女、對社會現象一籌莫展的小人物等等，你不會成為其他人，你只會成為你生命中、心目中的英雄，在人生的舞台上發光發熱。

## 只要敢想敢做，任何可能性都存在

可能性理論在賽斯思想中尤為重要，現在有不少科學家都在研究「多重宇宙」，也就是可能的宇宙，在這個宇宙中所有可能性都同時存在，你以為你是擁有肉身、存在於三次元中的唯一個體，但其實你這一世的人生是你的靈魂在所有可能性中選擇出來的一條學習之路，你還有很多其他可能的個體與人生。

舉例來說，我現在是一個醫生，但早年我曾經想當律師，因為我念建中時口才很好，經常參加辯論比賽，還曾經拿過作文比賽第一名，所以有一個沒有當醫生而是當律師的我存在著。我也曾經很喜歡生物學，所以也有一個我成為了生物學家，以能量不滅定律來說，過去那些一度在我腦海中栩栩如生的可能人生，都在我的心靈中真實地存在著。

其實只要你起心動念，無論那個念頭有沒有實質化，都已成了可能性實相的一部分，並且成為我們的心靈庫存之一。例如有一個人想創業，那麼在可能的實相中，已經有了一個創業成功的他了。當你種下一顆種子，雖然它尚未發芽，但這顆種子長成的大樹已經在未來存在了，一念一世界，你在這個實相中起了一個意念，在另外一個可能性的實相中就已經被具體化了。

以普悅的例子來講，她能在癌末的威脅中活下來，是因為她對未來的可能性充滿希望，感應到未來有一個身體健康、風塵僕僕來到台灣的自己，所以未來並非不可知的，也不是只有假設性，而是存在著各種可能性，且這些可能性也非遙不可及，只要你應用神奇之道「結果先確定，方法自然來，輕鬆不費力，信任感恩加行動，但要有耐心」，就能迎來你想要的結果。

人生的道路本就風風雨雨不斷，有時我們會軟弱、會失去信心，如果未來又是混沌的、不可知的，人生真的難以為繼了。但可能性理論告訴我們，所有的未來都已經存在了，只管放膽往前走，就能走進我們想要的未來。

記得在幾十年前我剛開始推廣賽斯心法時，只要有癌症患者來找我看診，我都會跟對方說：「有個治療癌症的方法叫做賽斯心法，你要不要試試看？首先你要面對你自己，然後改變負面能量、創造正面能量。來，跟我唸一遍：身體天生就是健康的、身體有偉大的自我療癒力、身體是心靈的一面鏡子……」對方聽得一頭霧水後，總會問我：「許醫師，那請問你用賽斯心法治好了多少人？」我說：「還沒有耶，上一個癌友只是多活了五年，本來只能活六個月的，你要不要當第一個完全被治好的人？」早年我都是這樣回答病人的，但現在有人問我：「許醫師，你有治癒癌症病人的經驗嗎？」我都懶得說了，只道：「你自己去問櫃台。」康復的癌友早就多到我記不得了。

剛開始推廣賽斯心法時，我如初生之犢，什麼都不怕，因為當時我腦海中已經有了一個畫面，那是多年後的賽斯思想發展榮景，它告訴我賽斯心法已經徹底改變人類的現狀，釋放了人類兩三千年來的心靈潛能，所以我才會一無所懼地勇往直前。

在賽斯書中，曾經提到很重要的幾句話：「自己是沒有受到限制的」、「自己既無分割，也無區隔」、「你的實相乃是由你一手所造」、「無可救藥的樂觀主義者」、「腳踏實地的理想主義者」、「我們是來地球出差、旅遊、學習、考察兼玩耍」，而「腳踏實地的理想主義者」背後還有一個重要的理論架構，叫做「英雄式的自己」，與基督教說的「每個人的內在皆有聖靈」、「主在你的內心」，以及佛法說的「人人皆有佛性與神性」、阿彌陀佛說的「人人皆是未來佛」有異曲同工之妙，亦是大腦神經專家所謂的「人類有無可限量的潛能」，所以只要你敢想、敢行動，可能性的道路就已經在前方等著你了。

Chapter 6

# 整合

## 體會全然投入之美

自我經常會干擾我們，例如當你覺得丟臉、覺得自己不如別人、擔心別人怎麼看待你時，就是你的自我在作怪了，一旦自我開始搗亂，內在就會產生衝突，這也是身心疾病的開始。

一個人的「價格」或許是由他的學歷、職業、頭銜、薪水決定，但一個人的「價值」卻是從其行為、態度、貢獻中體現。生命的價值無法用金錢衡量，它是一種存在的安全感、生命的自我肯定，以及情感的倚靠。

記得有一次我在分會講課，談到了「人生價值」這個主題，不可否認的，多數人都覺得一個人的職業如果夠高尚、錢賺得夠多，就比較有價值，且更具創造力，所以世人無不費盡心思追逐「價格」，卻鮮少有人懂得什麼才是真正的「價值」。

許多人買東西都只看價格，尤其執著於「便宜的價格」，卻不知道自己可能損失掉真正的價值。如果你永遠只看價格買東西，那麼恐怕一生都翻不了身，因為你一輩子都為「錢」這個幻相所欺騙，看不見價格背後的價值。

就拿我媽媽來說，早年她雖膝蓋不好，但還能走路，有一天我和太太要帶她去買氣墊鞋，她卻嚷著：「這個不好啦！你們年輕人買的鞋子都太貴了，我自己去菜市場買鞋子，五百塊三雙，買你們那氣什麼的鞋一雙，都可以買菜市場好幾雙鞋了！」

我聽了直翻白眼，買一雙好鞋可以穿個一、二十年，不但比那「菜市場裡的好幾雙鞋」穿得久，還能保護她的膝蓋，這才是重點，於是我不客氣地說：「好啊，我們就買便宜一點的鞋子，然後下個月我們再來安排妳膝蓋去開刀好了。」媽媽一聽愣住了，想了想便不再反對。她只看到了氣墊鞋昂貴的價格，卻不曾想過氣墊鞋代表的價值。

那麼，你很在意別人幫你訂的價格嗎？還是看見了自己真正的價值？這個問題我也問過課堂上的學員，有人說：「許醫師，我只是個家庭主婦，又沒有在賺錢，哪有什麼價值？」也有人附和：「對啊對啊，我來參加講座，交點場地費、付點學費，回家就被我老公罵，說我沒在賺錢，又在花錢了。」但是他們都錯了，一個人的價值是由他內在的心靈能量決定的，而不是他會不會賺錢、賺的錢夠不夠多。

身心靈的修行就是要讓你從裡到外看到自己的價值，因為你的人有價值了，你的婚姻、工作、生活、健康、行住坐臥便也都有了價值。

## 你知道許醫師價值多少嗎？

我是一個對數字過目即忘、凡事不在乎價格的人，但我的人生一路走來都在創造「價值」。記得有一年我去大陸上課，有個學員帶了一本書給我，將近有十公分厚，我一看嚇了一跳：「這什麼書啊？怎麼這麼厚？」他說：「許醫師，這是你《健康之道》有聲書的逐字稿，我把內容一字不漏地寫下來了。」我不禁失笑：「這麼無聊，你失眠是有多嚴重啊？」心裡卻是既高興又佩服他。

他說：「許醫師，我不騙你，以前我跟我的領導說話時，不管我說什麼，他們都反應平平，有一次我就說了你曾經說過的話，他們立刻來了興趣，後來我時不時就說幾句你說過的話，他們都對我佩服得不得了。」這個學員是一位大陸高幹，他那個圈子裡的人非富即貴。你知道他有多認真嗎？不只那本厚厚的《健康之道》逐字稿，他還把我所有講解賽斯書的有聲書，全都聽過一遍，並且都打成了逐字稿，你看有多驚人了。

他知道賽斯心法價值非凡，所以想拜我為師，我說：「拜我為師？你是我的學生，我就是你的老師了，為何還要拜我為師？」他說：「我不是要當你的學生，是要當你的徒弟，尊你為我的師父。」我說：「這都什麼跟什麼啊？」他見我一副哭笑不得的樣子，便低聲說：「許醫師，沒關係，你開個價，我雖然不是什麼有錢人，可幾十萬塊我還是拿得出來的。」

我心想，從十萬到九十九萬都叫「幾十萬」吧？若是九十九萬人民幣，以當時的匯率來算的話，將近五百萬台幣，我這才知道原來我竟有這樣的身價？而且這還是剛開始，我相信隨著歲月的增長和經驗的累積，我的價格只會愈來愈高。

有一次，我幫一位大陸個案做心理諮商，當時我帶了一個助理，讓他跟在我身邊學習，諮商結束後，我跟助理說：「剛剛我輔導的那位個案，以精神醫學來說，是罹患了強迫症，吃藥只能控制，無法根治，認知行為的治療對他幫助也不大，而我剛剛對他的引導，是源自我鑽研了二十多年的賽斯心法，以及我身為精神科醫師多年的心理治療經驗，我所使用的手法、對疾病的洞察力與重點的突破，以及強迫症內在精神分析的理論架構，其實是價值千億美金的智慧財產。」助理一聽，驚得下巴都快掉了。

## 你的價值決定了你的價格

人的價值本就是一種無形的資產，那些來上課的家庭主婦學員覺得自己不能賺錢，沒什麼價值，殊不知她們對家庭的貢獻是金錢無法衡量的，她們為夫家生兒育女，付出的勞務與心力，以及帶給整個家的愛與安定，絕對是價值連城。我也見過不少個案收入平平，因為無法賺很多錢給父母而心中難安，這時我都會告訴他們：「不要覺得心中有愧，你對你爸媽的照顧與關懷，也是一種無形的資產，而且可能是他們更想要的，所以你完全不用懷疑自己的價值。」

可嘆世人何其愚蠢，只在乎外表的價格，不斷算計著豪宅、名車、名牌包價格多少等等，卻忽略了真正的價值來自人的內心。人必須有了價值，才能創造價格，一旦失去了價值，即使擁有再多的財富，也什麼都不是。

我經常強調有三本賽斯書你一定要看，看不懂也要看，那就是：《靈魂永生》、《個人實相的本質》、《健康之道》。它們只有區區數百元，便宜到連名牌包的零頭都不到，但它們卻有「人人此生必讀之書」的無上價值，你若能讀通這三本書，就能翻轉整個人生，這樣的價值是再多名牌包也比不上的。

現在全民都在嚷著拚經濟，但我要告訴你一個事實：身心靈才是決定經濟的關鍵。你曾經見過聽過的明星、藝術家、企業家等知名人士，都是在市場還未訂出他們的價格之前，就已經先肯定了自己的價值，才會被世人看見他們的光芒，因此揚名立萬。所以只要你能創造出價值，你的價格就能隨你開。

不管你是何種身分、薪水高不高甚至沒有薪水，只要你能看見自己的價值，肯定自己，努力學習，不斷創造並增加你的價值，總有一天，世人必能為你評斷出無與倫比的價格。

## 賽斯心法治好了恐慌症和自閉症？

有一年我在板橋分會開工作坊，有一個爸爸帶著兒子小智來上課，小智在兩歲多時，被醫生診斷為重度自閉症患者，他也曾經到我的診所看過診，我看到他的第一眼，就已完成了所有的評估，他的自閉症確實很嚴重。

小智當時的表達能力很差，又口吃得很嚴重，來看過幾次診後，就沒有再來了。但小智的爸媽還是持續讓他聽我的有聲書，固定帶他到分會上課或上工作坊，還會帶他到中正紀念堂去聽我的演講，他問我的問題經常讓我臉上三條線。

學過賽斯的人都知道，賽斯書有一定的深度，不是尋常人輕易可以讀懂的。幾年下來，有一次小智來上我的工作坊，我發現他的眼神不再閃躲，臉上的表情也很豐富，不但在課堂上侃侃而談，還說出了許多頗具心靈深度的話語。身為一個專業的精神科醫師，看到小智這麼大的變化，還真是嚇了一跳。

後來在一次演講上，我談到了小智的事，便請學員穎茜上台分享她所看到的小智，我不忘介紹穎茜是位恐慌症患者，她儀態優雅地笑說：「許醫師說得沒錯，我是一位恐慌症患者，目前……依舊是一位恐慌症患者，但不同之處在於：三年前的我跟現在的我，在心境上有很大的改變，三年前的我，要是看到面前有這麼多人，一定會開始頭暈心悸，然後無法呼吸。過去我有兩年的時間無法搭乘捷運，就是因為捷運人太多。我一直在服用藥物治療，但我也很清楚，藥物只能治標不能治本，唯有不斷做心理調適，我的身體才有康復的一天。

「我是在一次《健康之道》的課堂上遇見小智的，就我所知，自閉症患者通常表情呆滯、不善表達、不愛說話，但小智卻是侃侃而談，清楚且有邏輯地表達自己的想法，那時我並不認識他，對他也不太了解，只覺得他不像是一個自閉症患者。後來中場休息時，我們一起吃水果，然後小聊了一下，我覺得我還滿喜歡這個小弟弟的，沒想到最後他竟然跟我說：『姊姊妳好香，我好想跟妳在一起喔！』」

穎茜說完，立刻引起台下一陣哄堂大笑，我無奈道：「我只能說，我們沒有什麼立場反對啦，雖然你們兩個差了二十歲。所以穎茜，鼓起勇氣吧！妳是有價值的。」

穎茜笑說：「不是啦！我是覺得他還滿能表達自己的想法和看法，聽到他這麼說，我覺得很開心，他能夠像一般人那樣跟人聊天，真的很不容易，可說是個奇蹟了。」

穎茜是無預警地被我叫上台的，她從一個恐慌症患者，變成現在這樣一位在人前落落大方、說話順暢的優雅女子，也很不容易，而這當然也是拜賽斯心法所賜。

回到小智的例子上，我本來以為身心靈的修行，只是針對心靈上的感受，沒想到一個自小被診斷為重度自閉症的高一生，竟然在賽斯思想的氛圍中，以及分會主任的能量呵護和引導下，產生如此重大的改變，連我都覺得不可思議。

## 賽斯心法連思覺失調也能治？

後來又有一個令我更驚訝的個案出現，那是一個思覺失調的女孩，名叫莉亞，我其實沒印象她來看過我的門診，但她說她是我的病人，曾在精神病院進進出出無數次，是個進過急性病房的慢性精神疾病患者。而她只是參與基金會的課程或工作坊、研讀賽斯書而已，整個內在便已產生變化，甚至在參加團療時，都能安慰其他學員了，她的學歷不高，但她講出的那番道理，深度卻不亞於一個大學講師說的話，連我都沒辦法解釋她為何有這樣的變化。

記得她第一次來參加工作坊時，見到我的第一句話就是：「許醫師，我有很多幻聽耶，怎麼辦？」接著她開始描述她所感受到的世界，那些幻聽是怎麼跟她說話的，她又是如何回應那些幻聽的；後來她經常來上課，我一路看著她逐漸整合分裂的人格，如今她幾乎是團體中最陽光、最開朗的學員。我在精神醫學領域中打滾了幾十年，還是第一次遇見這種案例。

身心靈的學習其實是一種潛移默化、耳濡目染，讓你的內心在不知不覺中起了變化與整合。就像你現在閱讀我寫的書，或只是去聽我的演講，你的大腦就已經變得不一樣了。

## 思覺失調是怎麼來的？

許多精神科治療人員都會遇到一個共同的瓶頸，那就是：思覺失調症患

者不承認自己有病。所以我現在治療這類患者時，給他們的第一句話往往是：「許醫師知道你沒有病。」

我不是在安慰患者，而是真的知道患者沒有病。因為自從患者思覺失調，出現妄想幻聽之後，他的心反而比較平靜。很多患者在人格分裂之前，思緒更混亂、壓力更大、更想自殺。這個道理很少人懂，也不是我在精神醫學界學到的，而是我經過一、二十年的揣摩，以及在患者內心看到的。

所謂思覺失調症就是主人格分化出很多次人格，會出現這麼多次人格，是因為患者應付不了龐大的壓力，達不到對自己的期望。患者自從人格分裂的那一刻開始，就逃避了應該面對的壓力，他把有情緒起伏、思緒混亂的自己切割出去了，而那個自己就變成了幻聽；也把那個渴望被肯定，卻在現實生活裡不斷失敗的自己切割出去了，那個自己就成了自大的妄想。

以莉亞的例子來說，她在人格分裂前，情緒一直起伏不定，思緒也混亂不已，一下子要這個一下子要那個，一下子要休學一下子不休學，一下子要交男友一下子又不交男友，她的能量十分矛盾，直到人格分裂的那一刻，一切混亂的意念終於分成兩個陣營，於是她的情緒安定了下來，最後甚至變得沒有情緒了。原來她是要藉由分裂達到情緒安定的目的，並減輕她所受到的壓力。

除了告訴患者沒有病之外，我還會問他們：「你想不想知道許醫師為什麼會說你沒有病？想不想知道為什麼你的幻聽、你的妄想不是病？想不想知道為什麼你會感覺有個想法插進你的腦袋？為什麼你會認為電算中心、天上的衛星在監控你？」

我有個思覺失調的個案就宣稱他收到了外星人的訊息，要求他跟他爸爸講心裡的話。其實是因為個案內在有個想表達卻又不敢表達的自己，那個自己內向、不敢說真話、害怕衝突，而且沒有力量。而外星人則是他想成為又無力成為的自己，這個自己聰明伶俐、強大有力，可以告訴個案該怎麼面對一切。個案將自己的人格切成兩塊，一塊是懦弱無能的自己，一塊是強而有力又充滿智慧、偶爾帶點邪惡的自己。而這個邪惡的自己向懦弱的自己發出命令，指使懦弱的個案去做一些他本來不敢做的事，所以說個案是藉由分化得回了力量。

記得我還在台北市立療養院松德院區工作時，有個思覺失調患者叫阿祥，他有相當嚴重的幻聽。當時還沒有電視購物和網路購物，阿祥每天都在看報紙上的郵購商品，每次我去查房，阿祥就會告訴我他今天又郵購了什麼東西。我問阿祥：「你為什麼要買這些東西？」他會說：「許醫師，不是我要買，是幻聽叫我買的。」「那不買會怎樣？」「不買的話大家會有災難。」「原來你拚命花錢購物，是為了拯救世界？真是佛心啊！」「對啊對啊！就是這樣！」

阿祥之所以罹患思覺失調症，是因為他很喜歡購物，但他又沒工作、沒收入，且能力不佳，以前在家只要亂買東西就會被罵、被制止。但自從阿祥開始人格分裂後，所有的問題都解決了，他每次因購物挨罵時，就會說：「爸，媽，不是我要買的，是那個聲音叫我買的啦！如果我不買的話，他就會叫我打你們，可是我不想打你們，不希望你們受傷，只好一直買了。」他將內在的一部分分裂出去，去執行他本來想做卻會被責備的事，而那個命令是外來的，不是他本人的主意，所以他不必負責任，多好啊！阿祥就是藉由這種分化得回自己的力量，合理化自己的購物行為。

「把責任推給別人」是每個人都會使用的手法，你一定聽過這類的話：

「不是我要把黑心油加進食物裡，是我老闆叫我這麼做的，不然他就會開除我，我也沒辦法。」「你不要怪我，是經理叫我這麼做的，不然今年的考績他就要給我乙。」通常一個人害怕被指責時，都會說：「不關我的事，是人家叫我這麼做的。」然後把責任撇得一乾二淨，思覺失調患者打的就是這個主意，那你說他有沒有病？他比你還聰明呢！

思覺失調患者是否有病，涉及內在能量動力學的運作，而這二、三十年來，我早就把這個理論摸透了，一般的治療師無法跟思覺失調症患者對話，但我有辦法跟他們對話，而且我跟患者的對話內容，你們還聽不懂呢！有一次我在大陸幫一個思覺失調症患者做諮商，我說：「你這是藉由分裂拿回自己的力量。」患者一聽大喜：「沒錯！許醫師，你怎麼知道？」

思覺失調只是內在人格的一個運作過程，患者藉由分化得回自己的力量，而分化的最終目的是要整合回來，只是沒有人幫患者整合，所有人都把他當成病人，用藥物去壓制他的幻聽妄想，只要幻聽和妄想減少了，大家就覺得有效，卻沒有人知道患者為什麼會人格分裂。

今天若有思覺失調的個案來找我治療，我會告訴他有個比分裂更好的方法，那就是整合。患者分裂的目的是為了逃避壓力、重新得回力量，以及維持人格的完整性，但要整合患者需要橋梁信念，才能化解人格與人格之間的矛盾衝突。

## 消彌自我衝突，整合內在心靈

電影《鋼鐵人》第三集一開場就說：「敵人常常是被我們自己塑造出來的。」記得電影中一拳打爆鋼鐵人史塔克的生化人嗎？生化人為何會成為史塔克的敵人？因為史塔克在天台上放了崇拜他的科學家兼超智機構總裁奧德利奇．齊禮安鴿子，讓身有腿疾的齊禮安一個人在屋頂等了他好幾個小時。

十三年後，齊禮安為了報復史塔克，讓他體驗自己當時的絕望，於是找上史塔克的前女友瑪雅合作，開發絕境病毒，才有了四處作亂的生化人，當年史塔克那種完全不在乎別人死活的屌樣，真的是活該被人報復，你說這個難纏的敵人是不是他自己製造出來的？

史塔克為自己樹敵，是因為自我中的傲慢無禮使然，齊禮安不甘受辱、心懷怨恨，也是他的自我在作祟，然而不僅是外在的敵人，一個人內在的衝突也是源自個人的自我意識。所以我曾經給過一位個案功課，要他每隔一個小時就問自己：「現在我的自我是不是又在作用了？」個案不解：「為什麼要這麼問？」我說：「因為自我經常會干擾我們，例如當你覺得丟臉、覺得自己不如別人、擔心別人怎麼看待你時，就是你的自我在作怪了，一旦自我開始搗亂，內在就會產生衝突，這也是身心疾病的開始。」

人世間的各種衝突，都是彼此自我意識堅持的結果，人與人一旦有了競爭，便一心只想打敗別人贏得勝利，而不會尋求「雙贏」的局面。所謂的「雙贏」就是我要讓你贏，但我也沒有輸，你是對的，但我也沒有錯，然後尋求雙方最大的交集。

但即使人類的衝突競爭不斷，人與人內在心靈卻是互相連結的，如同賽斯心法說的：萬事萬物的本質都是內在愛的互助合作。所以只要我們放下自我的執著、放下自我的對立、掙脫自我的框架、拋開表面的衝突，看見人類內在共同的愛，然後整合自己的心靈，也就是整合我們內在的愛、智慧、慈悲、創造力與神通，人類就能有光明的未來。

## 人間是最佳的修行道場

多年前，有一部名叫《西遊記》的電影令我印象十分深刻，整部片子很有趣很好笑，劇中描述驅魔師陳玄奘以一部《兒歌三百首》降伏了河妖（沙悟淨）、豬妖（豬八戒）、猴妖（孫悟空），陳玄奘本是最弱的驅魔師，然而當所有的驅魔師都被妖怪殺死後，陳玄奘卻降伏了所有妖怪，因為他做到了「整合」的功夫，也讓觀眾看到一個人內在的堅持，以及如何發揮內在的信心。

我覺得整部片子最有意思的一段是：舒淇飾演的驅魔師段小姐愛上了陳玄奘，但陳玄奘對段小姐說自己是修道人，已經準備要出家了，不能執著於小情小愛，而應追求大愛，因而拒絕了段小姐的情意。

可是當陳玄奘抗拒男女情愛時，他老是發揮不出師門所傳的《兒歌三百首》威力，一直降妖不成，當時他的師父告知他：「本門驅魔的理念是將妖的惡性驅除而非殺死，你之所以發揮不了《兒歌三百首》的威力，是因為你的修行還差了一些。」

後來陳玄奘在收服孫悟空時遭到危險，危急之刻段小姐現身捨命相救，結果被孫悟空殺死，段小姐臨終時倒在陳玄奘懷裡，陳玄奘忍不住親了段小姐，並且告訴她：「我從見到妳第一眼就深深愛上妳，就無時無刻不在想妳。」然後嚎啕大哭。直到陳玄奘經歷了這段刻骨銘心的愛，才終於開悟，方知大愛小愛都是愛，愛根本就不分大小。

不是藉由排除、否定、逃避世俗的一切，而是整合、承認、接受了男女的情愛之後，陳玄奘的《兒歌三百首》才化為《大日如來真經》，發揮了真正的威力，成功地降妖伏魔。

許多聲稱自己在修行的人，根本就沒有面對自己的人性，舉例來說，你若想知道某個出家人是否真正在修行，可以問他：「這位師父，你愛錢嗎？」對方若說他不愛錢，那麼你可以轉身就走，不必理他，因為世間沒有人不愛錢的。所以如果你問我：「許醫師，你愛錢嗎？」我一定回答：「愛！」「許醫師，你有缺點嗎？」「有！」「許醫師，你有脾氣嗎？」「有！」「許醫師，你修行賽斯心法後，有問題嗎？」「有！問題更大了。」

很多人都認為修行就是不能有貪瞋癡、不能有男女情愛、不能有負面思想，其實這都是錯誤的認知，真正的修行當如玄奘了悟的「有過痛苦，才知道真正的痛苦，有過執著，才能放下執著，有過牽掛，才能了無牽掛」。

記得有一年我去大陸上課，遇到了一位修行佛法多年的學員，他說：「我修佛法只能在深山裡修，回到紅塵世俗我就破功了。」然而身心靈的學習就是不斷在面對世俗、面對健康問題、面對人際關係的衝突，所以我們每天的生活、工作、與人的相處等等，就是修行最好的素材，樁樁件件都是宇宙為我們量身訂做的，都是世間獨一無二、不可取代的。

如果躲在深山裡修行，沒有世俗、沒有衝突、沒有矛盾、沒有痛苦、沒有掙扎，修行就不存在，因為這些才是修行者的功課。而賽斯心法的修行就是從世人每天的生活和情緒開始的，它教導我們如何處理家庭、工作、人際關係、一切行住坐臥等問題，因為這些都是幫助我們整合自己的課題，處理人間的俗事，才是最困難、最偉大的修行。

人一輩子都在做分裂和整合，就連生個病也離不開分裂和整合，因為生病的人就是把某個痛苦壓抑的自己分裂出去，然後變成疾病的。我們自從來到地球後，就一直在玩「藉由分裂而整合」的遊戲，直到我們整合完畢，能量完全回歸為止。當能量回來以後，問題雖然未必已經解決，但我們的心會自在許多。當你開始面對自己，覺察到自己都在想些什麼，尋求你和遇到的人事物產生的糾葛、是源自於內在的什麼問題，你便走上了整合之路，開啟了更豐盛、更廣闊的人生。

Chapter 7

# 過程

## 享受生活中的每件事

無論你是哪一種人，都要經常關照自己在信念、思維、觀念上是否有特定的慣性，並觀察這個慣性好不好，是要予以保留、加以改變，還是乾脆去除，懂得打破慣性，偶爾跳脫舒適圈，才可能活出精采人生。

你聽過「慣性定律」嗎？即動者恆動，靜者恆靜，一物在真空當中、無重力狀態下，若是不動便永遠不動，若是以恆定的速度往前進，便永遠以此速度前進，如果你想改變這個物體的狀態，使它由靜變動或改變它的速度，就必須施加額外的動能。

人生也經常如此，有時會處於一種恆定的狀態，有時會因種種外力的加入，而改變了原有的過程。所以有人一輩子渾渾噩噩度日，不知人生方向；有人一生都活在安定當中，只能在腦海裡展現自己的狂野，然後用平靜的外表，掩飾內心的波濤洶湧；有人隨心所欲，上天入地想幹什麼就幹什麼，毫無保留地活出自己；有人只活在自己的世界裡，習慣用自己的角度、立場、見識去看待或評斷各種人事物，也因此有所偏頗。

無論你是哪一種人，都要經常關照自己在信念、思維、觀念上是否有特定的慣性，並觀察這個慣性好不好，是要予以保留、加以改變，還是乾脆去除，懂得打破慣性，偶爾跳脫舒適圈，才可能活出精采人生。

## 在無常中享受生命裡的每一件事

許多結婚多年的夫妻，到最後不是跟「配偶」生活，而是在跟「慣性」生活。稱它為「慣性」還是美化了它，其實它是一種框架、束縛和牢籠，會讓你活在某種舒適圈當中，更可能讓你忽略了「你並不快樂」的事實。

我很慶幸自己有一個特質，就是喜歡在每天的生活中不斷地創新，也很享受我的每個「第一次」。仍記得幾十年前，我第一次到香港、馬來西亞、溫哥華、大陸、美國等地推廣賽斯思想，每到一個地方，我都非常地開心，然而隨著一次又一次的出差，我內心開始有一點小小的失落，因為這樣的行程往往很固定，漸漸地做這些事就成了一種習慣。

然而「一成不變」從來就不是我的風格，所以我人生一路走來，一直都在「打破慣性」，好讓自己不斷擁有新奇的感受，這也是我快樂的祕訣之一。或許你跟我不一樣，甚至正好相反，但無論什麼樣的生活方式，都沒有絕對的對與錯，重要的是：你如何在各種無常中，享受生命裡的每一件事，並找回自己的本心。

## 你唯一的自由來自心靈

你看過《刺激一九九五》（*The Shawshank Redemption*）這部叫好又叫座的經典電影嗎？這部電影也談到了「自由」這一命題，劇情講述銀行家安迪・杜佛倫因涉嫌謀殺妻子及其情夫，被判無期徒刑，進入鯊堡州立監獄服刑後，他與能為獄友走私各種違禁商品的埃利斯・瑞德・雷丁成為朋友，同時利用金融才能為典獄長山繆・諾頓等人洗錢逃稅。

有一天，安迪和獄友在屋頂上從事勞動服務，獄友望向正在打掃的安迪說：「沒有任何一座監獄關得住一隻羽翼光輝的小鳥。」這是對安迪的讚美，安迪雖然是個正在打掃屋頂的囚犯，但他安之若素的模樣，就跟在打掃自家庭院一樣地自在。他明明是個卑微、不得自由的囚犯，卻擁有任何人都無法剝奪的心靈自由，這也是宇宙間最高級的享受。

賽斯心法說：人唯一的自由就是思想與心靈的自由。自由從來都不是別人給的，而在於你有沒有放過自己、放下無謂的執著、允許自己自由。當你被各式各樣的念頭綁架時，不管你走到哪裡、身處何處、做不做什麼，你都不可能得到自由。唯有你的心境改變，看這個世界的眼光才會不一樣，到那時你身邊的人事物也會跟著改變，帶領你進入自由的人生。

## 目標不重要，過程才是重點

電影《駭客任務》（*The Matrix*）中有一段話：「萬事萬物皆是為了『目的』而存在。」這話說得有道理，仔細想想，從小讀書識字的目的是為了長大後的前程，工作的目的是為了升官發財，結婚的目的是為了與所愛之人長相廝守、傳宗接代或滿足父母的期望等等，幾乎所有人的生命都被某個目的所驅動。

這也無可厚非，畢竟人活著必須有目標，才能集中力量，不會感到徬徨，或失去生命的方向，目標也是讓我們開展一段過程的工具，當你達成一個目標，也就完成一段生命歷程了，所以「目標」的存在是為了「完成過程」。人生的重點在於「過程」，若你不看重它，無法活在當下，那麼一旦目標沒達成，你就會很痛苦。

以前我在新北市聯合醫院擔任精神科主任時，一天要看很多病人，因為新北市聯合醫院是公立醫院，不能拒收病人。我記得某天一個早上就來了六十二位患者，可想而知病人要等很久。

而年長的患者往往沒什麼耐心，他們常會來敲我診間的門：「許醫師，你是好了沒啊？我等很久了耶！」我跟對方說：「伯伯，你已經退休了，又不趕時間，稍坐一下沒關係……」結果我話還沒說完，就被對方截斷：「我還要去買菜好不好！你看快一點啦！」

後來我發現不只那位伯伯，很多退休的人性子都很急，我爸爸就是這樣，做什麼事都很急，有時候我會跟他開玩笑：「你是在趕什麼？趕著赴死嗎？」幾句話把我爸爸氣個半死。我們終其一生為了達到某個目的而汲汲營營、努力學習，這是一個必經的過程；退休之後，其實時間很多，但我們想「達成某個目標」的慣性並沒有改變，仍舊迫切地想跳過某些步驟立刻達標，這個目標達成後，又忙著下一個。

尤其老人家感受到肉體的衰老，知道自己來日無多，更是每天把自己的行程排得滿滿的，卻不知道自己為何而忙。這樣的人從來不曾將「目標取向」轉為「過程取向」，永遠奔著目標而去，卻忘了欣賞這一路上的人生風景，真的很可惜。

## 罹患慢性病是因為心靈出了問題？

我是個醫生，我不會反對醫療行為，也不會要人隨便停藥，但我治病一定以身心靈修行與學習為主、醫療為輔。多年前，我出版過一套名為《誰說慢性病不會好？——十大慢性病的身心靈療法》的有聲書，後來出版社要發行文字版，我在重新校訂這本書的過程中，看著自己曾經幫助過的案例，透過賽斯心法療癒自己，當下真是又激動又寬慰。

在那段校稿期間，我彷彿每天都會發現一個新的宇宙真理，每天都在思考如何把這些真理傳播給全世界，有朝一日能讓全世界的人都得到解脫與自在，一想到這些我就很開心。很多人都誇我心腸好，做了很多善事，但其實賺到的人是我，我賺到了難能可貴的快樂啊。

後來我在《誰說慢性病不會好？》每一章後面又補充了很多內容，那一刻彷彿我跟十幾年前的自己又連結上了。我知道有太多人都是心靈出了問題，才引發了慢性病，例如高血壓患者是因為內心壓抑了太多東西，尤其是憤怒的能量，他們渴望被了解、被支持，想抒發內在的負面能量。

校訂到糖尿病那一章時，我想起當時面臨換腎危機的大姊，我逼著他們一家人開家庭會議，陸續說服了她老公、兒子和女兒捐腎，一下子幫她要到了三顆腎，他們三人還熱淚盈眶地說：「老婆（媽媽），我願意把腎捐給妳！」把我大姊感動得要命。

雖然最終大姊沒換腎，但在這個過程中，大姊一家重新找回了愛，她第一次感受到丈夫對她的愛，這個家很久以來都沒有這樣的能量流動了。所以不管是修行，還是治療疾病，重點都在「過程」，我們永遠要去看達到目的之前，進行的「過程」是什麼，是否充滿愛、感恩、惜福。

## 享受生命中發生的每一件事

有一年，我休了好幾天的假，便帶著我太太去阿里山玩了兩天，阿里山上有一家民宿，是我們賽斯家族的人開的，老闆娘是位單身女性，她原先是個科技人，薪水加上公司配股，讓她賺了一、兩千萬，但她卻覺得人生這樣沒日沒夜地工作，把自己累個半死，就算有錢，又有什麼意思。

因為不知道自己為何而活，於是她決定「老娘不幹了」，離職後帶著所有的積蓄上了阿里山，跟原住民租了一間破房子，在山上一待就是十一、二年。剛開始她每個月都會下山兩次，到嘉義分會去上課，後來運用賽斯心法交到一個男朋友之後，就很少再回來上課了。

她從房子周邊的一草一木開始拾掇，慢慢地整理出一家餐廳，再從餐廳升級為民宿，只有五間房間，我和我太太住進了其中一間，房間窗戶一打開，就是一幅遠山美景，到了晚上，滿天都是大小星星，甚至看得到銀河，是一個非常舒服自在的空間。我們住進去之後，老闆娘帶我們去鄒族的餐廳吃飯，既便宜又好吃，餐廳老闆還會幫客人叫車，服務非常周到。

距離民宿五分鐘的車程外，有一條名曰「迷糊步道」的森林步道，我一向很喜歡走森林步道，可以一邊悠閒散步，一邊呼吸清新的芬多精，悠閒享受走步道的過程，當然不會放過走「迷糊步道」的機會。

沒想到回程中，突然聽見我太太的驚呼聲：「咦？你腳趾頭怎麼流那麼多血？」穿著涼鞋的我往下一看，竟見左腳的大拇趾和食趾之間在流血，我狐疑道：「可是我不痛啊！」後來才發現我被水蛭咬了，再仔細一看，連我的小腿肚上都趴著幾隻水蛭。

人被水蛭咬了，不一定看得到水蛭，因為牠吸飽血就走了，你根本沒什麼感覺，只會看到自己的腿腳不斷在流血。之所以無感是因為水蛭會分泌水蛭素，是一種特殊的凝血酶抑制劑，不但會讓你血流不止，還會讓你沒有痛感，

察覺不到水蛭正在吸你的血，聽起來很恐怖吧？但是你知道嗎？我好享受這個過程！

想想看，我住在台北新店，巴巴地開車到阿里山，走著迷糊步道，卻遇到了這隻水蛭，還把我的血留在了牠身上，助牠繁衍後代子孫，這讓我感覺到，我與大自然有著親密的互動，我從頭到尾都沒有不好的感覺；就像有人說，如果你被蚊子叮了，千萬不能打死牠，還要愛護牠、養育牠，直到牠長大結婚生子，為什麼？因為牠身上流著你的血呀！

這也是大自然的慈悲，祂取了你的血卻不讓你痛，即使留下了小傷口，也沒有任何不適。而水蛭素還可以做成藥，這種藥能溶解血管中過多的纖維蛋白，分散凝聚的血液，可預防心血管和腦血管不通及血塊的形成，進而降低心腦血管疾病的罹患率。

這樣一想，能與一隻阿里山的水蛭相遇，成就牠的一生，是多麼難得的緣分，當然值得珍惜，而我分享這件事，就是要讓你看到，我是如何享受生命中發生的每一件事。

## 不僅要「活在當下」，還要「滿足於當下」

不管你的人生如何，你一定要在其中加入快樂的元素，起碼你要學會苦中作樂。我在幫學員上課時，常會舉《深夜加油站遇見蘇格拉底》（*Peaceful Warrior*）這部電影為例，因為它提到兩個重要的身心靈觀念，一是活在當下，二是享受過程，不談過去不講未來，一切的運算就只在當下而已。

雖然我每天工作都很忙，永遠趕著一個又一個行程，但我常會讓自己回到當下那個片刻，把這個動作當成一種靜心的練習。例如，當你在一個很吵雜的環境中，或不斷被時間追著跑的狀態下，挑一個安靜的片刻，閉上眼睛，然後眼觀鼻、鼻觀心、心觀自在，在心裡告訴自己：「唯有當下，既無過去也無未來，亦無他處，只有此處，just here and now，我滿足於這個當下。」

此時你會感受到一股心靈創造的能量，逐漸由內而外充滿你的四肢百骸，再形成你的肉體，進而形成你周身的物質世界，你會感覺整個人被能量充滿，滿足感油然而生。

## 學會「欣賞當下」，人生就能自在許多

不僅要「滿足於當下」，還要能「欣賞當下」，例如，當老闆在罵你們一群員工，別人內心皆忿忿不平時，你想的卻是：「哇！老闆好有活力喔！難怪比較會罵人的都當了老闆，我們這種比較害羞的人，只能當員工。」

我之前有位個案，她的兩個兒子經常打架互毆，甚至打到要叫警察排解的程度，怎麼阻止都沒有用，讓個案深感無力，不知道怎麼辦才好。

聽完她的訴苦後，我說：「那妳就用欣賞的角度去看待他們打架吧！」她一聽臉都綠了：「怎麼欣賞啊？每次打架拉都拉不開，勸也勸不聽，都快被他們氣死了。」我說：「既然最後都會交由警察處理，那妳還擔心什麼？趕緊拿出妳家最好的茶葉，平常捨不得用的、最貴的茶具，優雅地泡上一杯好茶慢慢啜飲，再好好品評一下兩個兒子的身手，豈不快哉？」

個案聞言臉黑如鍋底：「拜託！都打得頭破血流了，是有什麼好品評的？」我興致勃勃道：「我教妳，譬如妳可以說：老二，你的左勾拳不錯，很有力量，老大，你下盤虛浮、閃避技巧太差，活該挨拳，回去還要再多練練！老二，你跟哥哥吵架時，遣詞用字不夠狠辣，這是在打架、在拚命，不是在談情說愛好嗎？沒用的東西！」

個案倒吸一口冷氣，驚訝得說不出話來，八成在心裡罵我神經病。但我還是繼續說：「妳若在一旁說風涼話評論他們，最後妳兩個兒子一定會停下來，然後一起過來打妳，妳就成功阻止他們兄弟鬩牆了。」

是的，你要懂得「欣賞當下」，更要打破慣性，才能以一個全新的角度看待這個世界。所以要改變的不是這個世界，要改變的是你，只要你心境一改變，散發出來的能量不同以往，就重新創造了你所身處的大千世界。

你可以選擇怎麼看待他人、選擇用什麼心情活著、選擇用什麼角度看人生，賽斯心法不就說了嗎？我們都是來地球出差、旅遊、學習、考察兼玩耍的實習神明，只要你能掌握自己的心境，就能得到解脫，拿回自己的力量。

## 「感謝當下」與「禮讚當下」

活在當下、滿足於當下、欣賞當下之後，還要能「感謝當下」，無論你現在健康還是生病、貧窮還是富有、痛苦還是快樂，都要感謝此時此刻這個當下。

我曾經聽一位個案說：「許醫師，我每次走進兒子的房間，就好像在跑障礙賽，他的床上永遠堆滿了衣服，只留下一個可以睡覺的人形空間，就連脫下來的牛仔褲也是一坨一坨地擺著，兩隻褲管變兩個洞，而不是整條褲子的模樣，你覺得這樣可以嗎？」

我想像了一下，要穿褲子不用從衣架取下，只要兩腳往牛仔褲的兩洞一站，再把褲子往上拉就穿上，我笑了笑：「不錯啊！」個案一聽都快吐血了：「拜託！懶成這樣哪裡好了？」我說：「這樣穿褲子很方便啊，也不用花時間吊起來或收進衣櫥，省時又省力。你不覺得你兒子挺聰明的嗎？」個案一愣，想了想：「好像也有道理啦……」再怎麼說，孩子聰明總是件值得感謝的事。

記得我還在念書時，有一次跟同學一起去找班上的化學老師，結果我一走進他們家，下巴都快掉了，心想：「怎麼有人的家可以亂成這樣？」客廳堆滿了衣服，根本就找不到位子坐，我不禁問：「老師，你不覺得你們家很亂嗎？」老師淡然地說：「不會啊，任何東西都放在我的雙手可及範圍內，我拿每個東西都很方便啊。」接觸賽斯思想後，再回頭看這件事，忽然覺得老師和師母這對夫妻可以一起這麼髒，也是不容易，這樣一來，誰也不用嫌棄誰，兩個人在一起就是天堂了，畢竟夫妻志同道合也是件值得感謝的事。

所以，不管大千世界如何運轉，只要你願意用心，專注在生命中的每個過程，就能在其中找到值得感謝之處，懂得感恩，心中自然就能生出無窮喜悅。

再來就是「禮讚當下」。「禮讚」意指推崇讚美，是比讚賞更帶有敬重和欽佩的味道，例如佛教的「禮讚」是指禮拜三寶，讚嘆經文與佛德。

但我不是要你去讚美神佛、基督或耶和華什麼的，而是要你以神聖莊嚴的心去推崇讚美每個當下。這個世界也許髒、也許亂，你所遇到的人事物也許很不堪，但它們的發生都有其正面的意義，只要你願意相信，就會看見奇蹟與轉機。生命既是如此充滿意義，當然值得我們禮讚這一切。

## 「享受當下」是人生至高的境界

除了滿足於當下、欣賞當下、感謝當下、禮讚當下之外，還要懂得「享受當下」，雖然時間是留不住的，但那一瞬間的心情與感動卻是永恆的。

我曾經輔導過一位高中生個案，他常聽不懂老師的講課，回家也不會寫功課，每次拿到考卷就很害怕，怕自己寫不出答案、達不到老師的要求、被同學嘲笑，後來我告訴他：「試著去享受這個失敗的過程，你就不會那麼害怕了。」

個案一臉茫然：「什麼是享受失敗的過程？」我說：「就是，即使聽不懂老師說的、考卷寫不出來、被同學嘲笑，也不用慌張，無論什麼時候，不管身處何處，都像在自己家裡那樣自在淡定，然後靜靜地去感受當時的感覺就好了。」雖然不太懂，但個案還是照著我的話去做了，過了幾個月，他再來看診時，臉上終於有了笑容：「許醫師，我覺得最近學校的功課和考試，好像沒那麼可怕了。」

一個人能用到「享受」二字形容他的所有際遇時，那便已達到一種難得的境界了。人生有好有壞、有苦有樂、有歡笑有悲哀，但如果你能活在當下、欣賞當下、禮讚當下、感恩當下，最後定能達到享受當下的境界，人生至此也就了無遺憾。

## 找回初衷，遠離誘惑與迷思

我有三位學員都是乳癌患者，都正值中年階段，她們是女兒、妻子，也是母親、媳婦，在這種身分多元的時期罹患癌症，是多麼地沮喪和無力，後來她們開始學習身心靈的修行，才體會到生命充滿奇蹟，並重新認知到生命的意義。

她們知道生病絕不是只有膠著與無奈，要重燃對生命的熱情，於是三個人合力開了一家服飾店。有一天，這三位學員中的兩人來上我的課，其中一人在課堂上精神不佳，頻頻打瞌睡，我問她怎麼回事，她說：「最近我們在裝潢店面，又要進貨、算帳什麼的，每天都很忙很累，然後我挑的衣服又被她們兩個嫌得很慘，說我沒眼光，挑的衣服都很幼稚，我聽了心裡很難過。」她覺得自己被否定，整個人看起來很沮喪。

我對她說：「妳想想妳們成立這家店的目的是什麼，妳們合作的過程有沒有符合妳們當初的目的。」人常常在追求某些目標的過程中，會偏離原先設定的目標，因此當你陷入困境或面臨抉擇時，首先要做的事就是「找回初衷」，待你再次確認初衷之後，前路自然會逐漸開闊明朗。

記得我的賽斯身心靈診所剛開始營運時，患者經常暴增，患者多錢就賺得多，看起來沒什麼不好，但這不是我成立診所的初衷，我想要的是「好好服務每位患者，讓他們得到最好的醫療品質」，而且我也不想把自己搞得太累，還想多花時間推廣賽斯思想呢！

我希望我的工作能利己利人、利益眾生，賺錢只是順便而已，若是為了賺錢拚命看診接病人，只會讓自己不快樂，還可能賠上健康，豈不是本末倒置了？於是我跟同事討論之後，決定每天限診二十五人。限診後的收入雖然變少，但我實現了「提供優質醫療服務」的初衷，做自己真正想做的事，讓我每天都過得很快樂、很充實。

## 為什麼要推廣賽斯心法？

《雅砌》雜誌曾經採訪過我，問我為什麼要推廣賽斯心法，我說：「為了兩個字：快樂。我喜歡做這件事，我享受做這件事的過程，看到很多人因為認識了賽斯思想而受惠，我覺得很快樂、很有成就感。」

對我來說，學習和推廣賽斯心法就像吸毒一樣，讓我樂此不疲、欲罷不能，只是這個毒品跟一般的不一樣，它是愈吸愈健康，愈吸人生愈豐富，也是我每天都在玩的遊戲，把這個賽斯理論搬過去、那個賽斯說法搬過來，哪個部分跟慢性病有關、該慢性病又如何導引出它的治病理論，再衍生出如何治療的模式，而治療模式應用在臨床上後，患者居然就不藥而癒了，這一切只有一個字可以形容，那就是——爽！

我是一個家醫科兼精神科專科醫生，鑽研賽斯心法幾十年，研發出許多新的理論，我了解一個病人的內在變化，他的思維、感受、負面能量，跟他的細胞、血壓、動脈之間的關係，而患者的夫妻關係、親子關係、壓抑的憤怒與恐懼能量，又與他的病痛有何關係，診斷之後，透過臨床上的個別心理治療、團體治療、看書聽有聲書、參加工作坊，讓患者的生命整個改變，疾病也因此得到療癒，你說這樣的人生能不爽嗎？

我並不想研究什麼特效藥去治療慢性病，那不是我要走的路，我有信心，賽斯心法能讓所有慢性病患者走上療癒的道路，而且最終都能不藥而癒。我要做的是幫助患者認識自己心靈的力量，得到解脫與自在，讓心靈發揮出每個人與生俱來的自我療癒力。這不是怪力亂神，而是人人都有的神性與佛性，如同基督教說的「人人都有聖靈」，佛教說的「人人都是未來佛」。

此外，我會認識我太太也是源於賽斯心法。那年我太太在紐約念碩士、我岳父得了癌症，有一天，我太太在書店看到我的書《絕處逢生：許醫師癌症身心靈療法》，於是她從紐約飛回台灣，帶著爸爸和弟弟來找我，她說看到我的第一個印象是：「這個人長得好矮喔！」所以我說一個人的起心動念很重要，妳嫌人家長得矮，最後妳就會嫁給這個這麼矮的人，這就是報應啊；就像我的外甥女都叫我矮子舅，後來她交了一個男朋友，跟我一樣矮，哈哈。後來我太太引導我岳父接觸賽斯，也牽起了我們之間的姻緣，這一切都要感謝賽斯心法。

## 回到當下，細細品味人生

認同自己是人生很重要的元素，別人把你當做C咖，但你知道自己永遠是A咖，因為知道自己是什麼樣的人，所以別人認不認同你，你都無所謂，這就是一種心理決勝論。舉例來說，你把自己當成公司的老闆，工作就是在做自家公司的事，那麼就算你受到不公平的待遇，也不會心理不平衡，因為在那個當下你是自在的，你已安住在那個當下了。

你見過在路邊鋪柏油路的工人嗎？他們在烈日下揮汗如雨地工作，你覺得他們很辛苦，但他們的心態卻可能是：「我當這是在鋪我家的路，鋪自己家的路還有薪水領，還有什麼工作比這個更幸福的？我們工作可以曬太陽，還有保力達B可以喝，身體好得很，哪像你們這些上班族弱雞，坐辦公室坐到一身病，又有什麼好？」當他們這樣想時，便已活在當下的幸福滿足中了。

一個人的心境有多寬闊，就能負載多少重擔，有人是做一行怨一行，有人卻是做一行感謝一行，我們到人間走一遭，也就是拚個「無怨尤」而已，凡事心甘情願，沒有任何壓抑和委屈，就是人生大幸了，畢竟人生要怎麼過，都由自己決定、自己改變、自己體會。

所以我常告訴我的學生，要隨時回來問自己：「我當下的感覺是什麼？」「我現在在煩惱什麼？我一定要煩惱嗎？」「我現在在急什麼？能不能別這麼急？」「我現在在氣什麼？我有必要這麼生氣嗎？」自言自語也沒關係，讓人當你是瘋子也無所謂，就是回到當下，跟自己的每一個感覺在一起，然後體會這整個過程，甚至去享受那個過程。

為什麼我要一直強調享受過程？因為大部分的人在經歷過程時，都是缺乏「品味過程」的心情，以至於我們經常覺得人生很沉重，活得不輕鬆、不快樂、沒意義。但只要你能活在當下，就能感受到生命本質中的愛、善念、支持與互助合作。

宇宙的愛形成了這個以原子分子構成的物質世界，也形成了我們的肉身。你要相信自己是源自於宇宙之愛，相信你生命中所有的實相，都是你心靈創造出來的立體畫面，你與這些外境的互動，都是為了讓你關照內心的過程，只要你的心改變，這個世界也就跟著改變了。

我一直認為修行的最高境界便是：安定自己。若每個人都能管好自己的心，那就天下太平了。然而多數人對自己都很陌生，人的心也經常因此迷失，所以你要多花時間跟自己在一起，跟你的內在協調，跟你內在的能量交流，與你的覺知與感受互動，才能改變你的心，拿回你的力量，做你自己的主人。

# Chapter 8
# 放手

## 一切都是最好的安排

人類不同於萬物就是因為有自由意識、有詮釋權，你想怎麼看這個世界、怎麼看待別人，都由你決定。一旦你的心境改變，命運也會跟著改變，生病的身體也會因此痊癒。

幾年前，有個焦慮的媽媽來問我：「許醫師，我兒子今年二十歲，要升大三了，最近他交了一個女朋友，足足大了他十二歲，怎麼辦？」我立刻用科學數據說服她：「妳不用擔心，根據統計指出，初戀百分之九十五都會分手，不過，家人如果愈反對，就會愈加強兩個人在一起的決心，所以妳一定要學會放下，否則只會適得其反。」

自我意識想要任何事都按照自己希望的樣子發生，這便是一種執著，但世事不可能都如人所願，因此當事情不合你的意時，就要學會放下和信任，要相信上帝幫你關上一扇門，必會幫你開啟另一扇窗。

我知道很多修行的人都被鼓勵要放下一切，什麼事都不要管，但其實並非如此，所以當那位媽媽苦著臉說：「許醫師，那你是要我放棄、不管他們了嗎？」我說：「當然不是，放下或放手都不等於放棄，所以不是叫妳不管他們，而是要相信事情會有更合適的安排，並且對兒子有信心，畢竟他是妳生的。妳還是可以發表意見，跟他分享想法和經驗，但妳要讓他自己做決定，並且尊重他的決定。要知道一個孩子如果遇事不能自己做決定，都要父母幫他決定，是一件很危險的事。」

## 前馬來西亞分會主任的生命故事

有一陣子，我太太在讀蘋果公司前執行長賈伯斯的回憶錄，賈伯斯是因胰臟癌去世的，他在書中寫道：當他面臨死亡的威脅時，他想到的不是 iPhone 賣得有多好、iPad 設計得多成功、自己在產品發表會上有多風光、被迫離開蘋果公司的憤怒與無奈、自己這輩子究竟賺了多少錢什麼的，而是他與家人、孩子相處的快樂時光。我太太跟我分享書中這段內容時，我心想：或許人只有在將死之際，才能真正學會「放手」。

後來在一次演講中，我再次邀請馬來西亞分會前主任普悅上台，分享她的罹癌及瀕死經驗。

普悅上台後說：「上個禮拜二晚上，我腦海中突然上演一幕幕自己從小到大的畫面，聽說人死前都會來這麼一下，當時我心頭一跳，心想我終於要死了嗎？這突如其來的意外讓我措手不及，這一天真的來了嗎？可是我都還沒跟大家道別耶。

「看著一幕又一幕的過去，當下我深深體會到：原來我們來到這世上，都是來互相成就、互相配合的，因為我們在共同演出一個劇本，彼此扮演著不同的角色，你協助我、我協助你，哪怕在過程中鬧得很不愉快。

「當時我就像一個局外人，看著自己和別人演戲，就是看而已，完全沒有任何感覺，那種平靜是言語無法形容的，跟一般平靜的感覺完全不一樣，也是我這一生從未體會過的，就是你完全不必再給出任何批判或論斷。

「那一刻我終於覺得，原來我是可以跟過去告別的。跟我過去的模式、性格、病痛告別。且不論我現在的肉身如何，但在心靈層面上，我是真的可以放手，不是做不到的。那種放下一切的感覺是突然出現的，而不是我刻意去尋求的。」

我問她：「當時，妳過去放不下、梗在心裡的事，與他人的是非恩怨等等，都在眼前重現，那妳心裡可有什麼變化？」

普悅說：「那時候我覺得，人的身體真的可以對應自己內在的聲音，因為當時我真的覺得好累了。」

那時普悅還在跟癌症拔河，所以未來究竟會逐步好轉、維持現狀還是急走下坡，都充滿了不確定，但我認為普悅最重要的功課就是——放下執著。

昨日種種，譬如昨日死；今日種種，譬如今日生。我認為普悅若能放下種種恩怨與舊思維，就能展開全新的生命，讓新的思維、新的內在力量重新帶領她。

普悅又說：「那天晚上，那些畫面不斷在我腦中湧現，我也覺得奇怪，為什麼我一點情緒也沒有？只有一絲絲的感謝，就是謝謝每一幕、每一個人事物，謝謝他們圓滿、完整了我的生命，那是當下唯一的感觸。對於這個世界、對於我先生和我兒子，我沒有一點不捨的感覺，這是我在清醒時完全無法想像的。」

我笑問她：「妳是不是正在醞釀跟這個世界告別的情緒？我懷疑妳不打算玩下去了，不想跟許醫師、不想跟妳老公兒子玩下去了，妳覺得累了。」

普悅若有所思地點點頭：「也許吧。」

我說：「那妳要不要跟大家講幾句告別的話？真有那麼一天，妳會想跟大家說什麼？」

她淡然一笑：「我想我會說：下一世不要再見了。因為如果有一天我離開了，我會想去別的星球，不想再回地球了。」

我好奇問：「為什麼不想回來？是覺得自己這一生太累了、太辛苦了、很受傷嗎？」

普悅點點頭：「走到今天，罹患癌症，辛苦受傷的感覺是一定有的。」

我又問：「那妳會不會覺得自己不被了解、不被支持？或遇到難關、陷入危機時，不知道有誰可以伸出援手，所以覺得無助、灰心又失望？」

沒想到普悅竟說：「許醫師，其實你說的這種感覺，我從小到大都有，而且非常強烈，我一直都覺得很孤獨，總是孤身走我自己的路，那天晚上見到的那一幕幕過去，再次證明我的確是孤身走自己的路。」

我能了解普悅的心情，這也是大多數人會有的心情，但你可曾讓別人知道或者跟別人討論過：你遇到的困境和難關是什麼？你需要什麼幫助？你有沒有真正提出過要求？抑或你都假設：「別人不是都應該知道我需要幫助嗎？別人不是應該主動來理解我嗎？這還用我說嗎？」

## 不要以為別人都該懂你

我們其實一直活在一個好大好大的「我」裡面，永遠只用「我」的角度在看別人、看這個世界，我們都太自我，也太自以為是，久而久之，再也看不見別人了。

我想起有一年我去美國度假，我租了一輛車，從美國西岸的西雅圖一路開到聖地牙哥，前後開了一千多公里，那是我第一次在美國開車。我開上高速公路之後，心緒開始不佳，因為我已經開到時速一百三了，後面的車子卻還是追得很近，我心想：「現在是怎樣？你是在逼車嗎？幹嘛這樣緊緊追著我的車尾？」我愈想愈火大，又覺得這樣很危險，於是小小踩了一下煞車，想把對方逼遠一點，不要讓他跟得那麼近，結果好像把那人嚇了一大跳。

第二天和第三天依舊如此，我覺得不對勁，於是開始觀察高速公路上的車子，之後又問了美國學員這個情況，結果他們說：「許醫師，這又沒什麼，我們這邊都這樣啊。」原來美國人在高速公路上開車，並不常變換車道，不像台灣高速公路塞車時，我們會找空隙把車開到別的車道。美國人若在高速公路上塞車，就會一路塞下去，他們很守規矩，一旦上了一個車道，就只有踩油門和踩煞車兩個動作，不會再動方向盤，一定是一路緊追前方的車。

所以這其實是我的問題，我認為他們追車是無禮且危險的，但對他們來說這是再平常也不過了。後來我告訴自己，要永遠記得這件事，因為我要用它來提醒自己：我們都在用自己的角度看別人。

這也是為什麼很多事我都喜歡跟別人討論，有時是跟我太太、有時是跟同事或學員，因為我想知道同一件事別人都是如何看待的，他們的角度和立場又是什麼。我不希望自己那麼「自我」，眼中只有自己。

其實很多人都有這個毛病，我之前輔導過一對夫妻就有這種問題。話說有一天，這對夫妻去參加一個聚會，太太第一眼就看到先生的前女友出現了，她以為先生也看到了。夫妻兩人聊天時，太太一直覺得先生心不在焉，她心想先生定是因為前女友在場才會如此，但先生當時只是身體不適，所以注意力無法集中，又因為眼睛不舒服，眼神飄了一下，太太就認為先生是在偷看前女友，於是開始醞釀不滿的情緒，可事實上先生是直到散場，才看到他的前女友。

結果一回到家，太太就打翻醋罈子了，兩人大吵一架，結果先生當晚竟吞藥自殺，所幸後來被救醒。後來他們夫妻來看我的門診，我發現太太在跟先生溝通時，都認為自己很清楚先生心裡在想什麼，但其實並非如此。例如，太太認為先生自殺是要以死明志，證明自己的清白，可後來談著談著，先生才訕訕地說：「其實我是不自由、毋寧死……」

一個過度自我的人，在溝通方面通常也會有問題，以為別人的思路都跟自己的一樣，自己不用多說，別人就應該能了解體會，真是異想天開。這也是我們在溝通上的大忌，認為對方應該知道我們心裡在想什麼，就不會把話說得很完整。事實上在跟別人溝通時，你一定要把別人當成完全不懂，把自己的想法說清楚講明白，否則很容易雞同鴨講，落得哭笑不得的苦果。

最後普悅在台上說：「既然沒死成，那我就以一個全新的普悅來生活、學習，過去我其實很清楚自己的性格，也時常會說：我就是這麼霸道、這麼強勢啊！不然你想怎樣？也就是許醫師剛剛說的那個大大的我，後來我開始認識自己，才理解這個我是怎麼來的，我的心又是怎麼形成的，所以我願意從頭來過、重新學習，活出一個全新的自己。」

## 會計師放下過去的勵志故事

在同一場演講裡，我又邀請了一位賽斯家族成員上台分享自己的故事，他是一家知名會計師事務所的資深合夥人。他在五十六歲時，考上了國立大學心理學碩士班，跟一群二十幾歲的碩士生一起念書。

他說：「我考上研究所後，一方面很高興，一方面又開始焦慮了，當時第一個想法是：我真的能念完心理學碩士班嗎？因為我有會計師的思維，會計師很重視金錢、成就、要為客戶著想等等，但身為心理師要放下很多自己的價值觀，不能把自己的價值觀強加在個案身上，所以那種在思維上的衝突是很強烈的。

「其次是年齡的問題，人年紀愈大，愈希望得到別人的尊重、愈渴望顯現自己的價值，這讓我很難放下過去我在會計領域的成就。加上即使是資深的老師也比我年輕，有些老師甚至小我十幾歲，同學又是我兒子女兒那個年紀的孩子，我都不知道要怎麼過這個碩士班的生活了，是要用原來的自己過活，還是要放下原來的我，開始一段新生活？這一點讓我內心糾結了很久。

「上課時，老師一看就知道我年紀很大，但他對我的態度又不能太敬老尊賢，只能一視同仁，給的作業跟年輕人的一樣多，老人家要做年輕人的作業自然有些吃力，還要跟其他同學組成一組上台報告，所以我要自己打電腦寫作業，上台報告的簡報也要自己做，在這個過程中我發現，如果我還是堅持做原來的我，堅持原來的價值觀和信念，那我只有死路一條。但是當我願意放下過去從頭開始時，問題又來了，我今年五十六歲，就算順利畢業、考上心理師執照，也已經六十歲了，就算拿到執照後立刻接案，想要有許醫師一半的功力，至少也要八十歲了，結果愈想愈無力，於是開始憂鬱和焦慮。

「直到後來我有了一個覺察：所謂的放下，其實是把舊有的僵化觀念放下，而不是將全部的觀念放掉，所以當我放下『年紀』這個框架，我彷彿回到二十幾歲時的自己，所以現在我跟那票同學可謂水乳交融，感情好得不得了。

他們說要上哪兒玩，我就跟著上哪兒去，他們說要去草嶺騎車，我就跟著去草嶺騎車，在跟他們相處的時光裡，我真的忘記自己已經五十多歲了。

「當我放掉固有的觀念、忘掉自己的年齡後，我終於找到自己獨特的位置，並且看到一個未來的機會，後來我一直在享受這個過程。例如我有三十幾年沒有放過暑假了，而現在我正在過暑假，就像以前當學生時每年的暑假一樣，過得非常開心啊。」

## 將自己的價值依附在外物上非常危險

賽斯書《靈界的訊息》中提到的「團結原則」，指的是一個人把自己生命人格的重心建立在某個價值系統上。

例如有些男性，會將自己的價值與成就感，依附在社會地位、開的車、戴的錶、工作和收入上，有些女性則將自己的價值依附在家庭與婚姻、身為某某人的太太、先生的收入有多少、孩子讀什麼學校上，殊不知將自己的價值依附在外物上，是一件多麼危險的事。因為那些外在的名聲、地位、財富岌岌可危，一不小心就會崩壞瓦解，讓人瞬間失去自我價值。

我曾經輔導過一位個案，是個三十三歲的優秀醫師，他來看診時心緒平靜，沒想到說著說著突然崩潰，在診間嚎啕大哭：「許醫師怎麼辦？我爸媽說我只能娶女醫師或女牙醫為妻，我這輩子從沒讓爸媽失望，一直是他們的驕傲，可是最近我交了一個女朋友，不是女醫師也不是女牙醫，我爸媽知道後很生氣，指著我說：『我們白養你三十幾年了！』」

挨了一頓罵之後，他愈想愈覺得自己像是爸媽養的狗，只能由著爸媽牽著他去配種，只為了滿足他們自己的虛榮心。這對父母便是把自己的價值建立在兒子的身上，兒子的選擇不符合他們的期望，讓他們憤怒失望，衝動講出傷人的話，最終讓自己痛苦，也讓兒子受傷。

## 一切真的都是最好的安排

有人問我：「許醫師，我離婚了，我深愛了十幾年的男人跟小三跑了，這也是最好的安排嗎？」「許醫師，我買的預售屋就快成交了，結果建商卻跑掉了，房子蓋到一半沒有了，這也是最好的安排嗎？」

答案不妨從我一位個案的故事說起，他因為得了癌症求助於我，之前他在大甲溪包了好幾百甲的河川地，種了三年的帝王柑，當時他已經欠了好幾千萬的債務，就等著這批帝王柑採收賣出好翻身。

結果採收前，大甲溪爆發了百年以來最大的水患，他只能看著種了三年的帝王柑，在他面前一顆一顆被水沖走。這個時候只要是人，就不可能說出「一切都是最好的安排」這種話，怨天尤人都算是客氣了，當下的心情絕對是憤怒、無法接受、無言以對的。

人在遭到災難的那一瞬間，多半難以接受，甚至會對老天破口大罵：「祢為什麼要這樣找我麻煩？有種祢下來跟我單挑啊，不要給我坐在上面看戲！」人會覺得一切是最好的安排，往往不是在事情發生的那一刻，而是發生之後自己心念千迴百轉得出的結果。

因為你會開始學習如何讓生命轉彎，直到有一天，你覺得自己身心自在、安頓、平衡了，再回頭看自己的過去，便會明白一切都是最好的安排，那時你已有了「行到水窮處，坐看雲起時」的心境，能笑著說：「是的，老天，祢沒問題，是我有問題，現在我懂了，我臣服了。」

## 透過教學門診，跳脫大大的我

我這輩子學賽斯心法最大的收穫就是：我拿掉了很多框架和限制。記得十幾年前，賽斯身心靈診所第一次做教學門診時，我的心情只有三個字可以形容，那就是——爽呆了！

一般診所一個禮拜會看診六天，但我的診所一個禮拜只看診兩天，我開辦的教學門診包括：諮商心理師碩士生全職與兼職實習、臨床心理師兼職實習等，當時醫師、護理師、心理師加起來三十多個人，大家一起坐下來討論病情，這可是教學醫院的規模！誰說診所不能做醫院做的事？只要你敢想，就沒有做不到的事。

還有一點也讓我很開心，那就是——教學。我之前在新北市聯合醫院當主任時，只要有實習生進來醫院，我都很興奮，因為我喜歡教學，教學可以讓我在待人處事時，產生新的角度。

就算我再怎麼厲害，我仍然活在那個「大大的我」裡面，所以我喜歡聽別人從他們的角度來看同一件事，我總是會問他們：「你覺得這個個案怎麼樣？」「你覺得個案為什麼有會那種表情？」「你覺得個案講那句話是什麼意思？」我很享受這樣的討論過程，這可以讓我跳出那個「大大的我」，看到一件事情的更多面相。

當初我受的是精神分析、動力學取向等訓練，這些都是精神科裡最扎實的學問，我在台北市立療養院被督導了三年，一般醫生只要一年，但因為我的督導醫生覺得我很有趣，捨不得放我走，結果我在市立療養院待了四年，就被督導了三年，也因此受到比別人更多的嚴格訓練。

但我還是認為傳統的心理治療理論不夠究竟，它沒有進到身心靈的領域。

所以我也想藉教學門診這個機會，將我畢生的功力傳承下去，讓更多年輕人學會這套心理治療方式，造福更多眾生。

而這些年來，我對推廣賽斯心法的努力，也逐漸開花結果。記得有一次我在深圳辦了一場親子工作坊，其中有位學員是上海復旦大學數學系二年級的學生，在中國大陸能念復旦大學的學生都是人中之龍，他爸媽從小就對他有很高的期望，讓他一路以來壓力很大，因此得了強迫症，後來他在無錫參加我的講座，受到了很大的啟發，於是又參加了這次的親子工作坊。

他爸媽對他的規劃是：念完復旦大學，就到美國念哈佛大學數學系或經濟系，畢業了以後就進華爾街工作。他原以為自己人生也就這樣了，然而在接觸到身心靈思想後，方知人生沒有一定要怎麼過，這才漸漸放鬆了自己，強迫症也因此有了改善。他覺得身心靈觀念對現代人實在太重要了，所以決定盡一己之力推廣賽斯心法。

那天他跟我說：「許老師，我在學校成立了一個社團耶！」我好奇問：「成立什麼社團？」「身心靈社團啊！」我聽了很驚訝，其實國內早有多所大

學設有身心靈社團，多年前師大也跟我們基金會商談成立身心靈學分班，要將身心靈的觀念帶給大學生，但在中國大陸我卻是頭一回聽到身心靈觀念要進駐校園，能看到賽斯心法在中國校園裡生根發芽，我真的很高興、很欣慰。

## 放下執著與自責，生命自然有奇蹟

有一次我到三鶯分會上課，講了一則禪宗的故事：有個香客向禪師問事，請求禪師指點迷津，他把事情從頭到尾講一遍，講完後又加了很多自己搖擺不定的意見和看法。

禪師一語不發，拿起桌上的茶壺往杯子裡倒水，倒到水都滿出來了，香客急忙說：「師父，別再倒了，水都滿出來了！」

禪師這才放下茶壺，香客鬆了一口氣，說：「師父，您別光是倒水，趕緊跟我講講這事兒該怎麼辦呀！」

禪師說：「你裡面都裝滿了，我怎麼再倒水進去？」

一個人若無法放下執著，一直活在過去裡，又要如何重新開始呢？

那天有位五、六十歲的男性學員從頭到尾盯著我看，非常認真地上課，他想透過身心靈的角度來了解自己，於是舉手發言：「許醫師，我是個第四期的肺腺癌患者，我想知道為什麼我會得肺腺癌，又該如何放下？」

於是我引導他進入輕度催眠狀態，然後問他：「你內心有一個你，活得很疲憊、很痛苦，於是創造了肺腺癌，因為不想活下去了。你覺得是哪一個你，要置你於死地？」人的潛意識中有很多次人格，他得先把想活下去的自己擺一邊，並放下原來的執著與觀念，讓內在那個痛苦不已的人格出來跟我說話。

下一秒鐘他開始崩潰大哭：「許醫師，我沒用！我救不了我媽媽！」我問他：「為什麼你無法救她？」他才說出自己的故事，他的爸爸在十幾年前往生，弟弟也在兩年多前過世，兩人在過世之前都交代：「兒子（哥哥）啊，媽媽就交給你照顧了。」但這幾年他媽媽一直在洗腎，他卻幫不上忙，只能眼睜睜看著媽媽受罪，他覺得自己痛苦得快活不下去了：「我連媽媽都照顧不好，怎麼對得起爸爸、對得起弟弟？我活著有什麼用？不如死了算了！」

他又說：「許醫師，我不知道我的病跟我前陣子發的願有沒有關係？」我問他：「你發了什麼願？」他吶吶地說：「只要能讓我媽媽的病好起來，我願意折壽。」我一聽差點昏倒：「我不知道你折的壽能不能替你媽媽續命，但我知道拚命想折壽的人，一定會短命。」一個不想長命百歲的人，怎麼可能活得好？

我對著那個痛苦的次人格說：「你應該要放下了。第一，你不是專業的醫生，有些病連醫生都救不了，你怎麼可能救得了你媽媽？生病是一個人面對人生功課的過程，誰也代替不了。第二，你創造出一個肺腺癌把自己弄死，你覺得你媽媽會好過嗎？」我要他學會放下執著，停止自責，他其實已經做得很好了，一個願意折壽給母親的兒子還不夠好嗎？

我告訴他：「你真正要做的事是把內在的愛表達出來，而不是不斷自責。」他淚流滿面地問：「那現在還來得及嗎？」我說：「我不知道你來不來得及，但這個世界上有很多奇蹟。如果你問我個人，我相信永遠來得及。」因為我看過太多癌症末期的患者，當內在的能量被啟動後，他們的身體也被療癒了，連醫生也搞不清楚發生了什麼事呢！

## 改變心境，就能改變外境

賽斯心法強調「你創造你自己的實相」，你要相信自己是一個創造者，因為創造者是有力量的。世上沒有人是真正的心靈受害者，只要你能學會拿回自己的力量。賽斯還說，外境是心境的投射，心境是外境的根本，心境為因外境為果，看到果要回頭找因，唯有先改變心境，才能改變外境。

我有一位個案最近要做骨髓移植，因為他有嚴重的骨髓功能不良，幾乎無法造血，他最近一次來看診時，問了我一句話：「許醫師，你覺不覺得人活在這世上，根本就改變不了什麼？」一個案還不到三十歲，卻跟我講這種話，讓我很是訝異。今天若是個八十多歲的人說這話，我會認為他開悟了，但一個二十幾歲的人說這樣的話，我只會覺得他完蛋了。

每個孩子在成長的過程中，都曾懷抱一個信念：我可以改變這個世界，世界將因我而有所不同。雖然他可能到了八十歲都改變不了任何人，包括他自己。但一個人如果覺得自己什麼都改變不了，必然是因為有著濃烈的無力感。

於是我跟個案說：「我知道你為什麼會骨髓造血功能不良了，因為你根本沒有生命力。你最深層的信念是：**I am nothing.** 我什麼都不是，我活在這世上什麼都改變不了。你沒有了生命力，骨髓又怎麼可能有良好的功能？

「如果你想得救，就要試著改變你的信念，來，跟著我說『過去的我相信人不能改變什麼，但從今天開始我把這個舊信念放下了，我開始相信我的確能改變些什麼』。縱使這個疾病可能奪走你的性命，也是最好的安排，因為它要你徹底面對你的無力感，以便你能夠重生。」

你也要相信，世界因為有你而有所不同，甚至更好，並且不時給自己心裡暗示：「我可以放下過去種種執著、負面思考，我的人生絕對可以重新開始！」

還有一位賽斯家族成員，因為生命種種的折磨，開始走上身心靈修習的道路。她曾經是個乳癌患者，離了婚還要帶四個孩子，因為上一代的遺產問題，導致她不但沒拿到遺產，還要繳遺產稅。

因為繳不起遺產稅，造成她生活上很多麻煩，例如受禁奢條款所限、不能出國等等，也曾愁苦地說：「許醫師，我上報紙了，好丟臉喔！怎麼辦？」

後來她在賽斯心法的薰陶之下，想法開始有了改變，有一天她跟我說：「許醫師，我現在覺得，人活著也不要太計較啦，雖然我兄弟姊妹拿得多，我沒拿多少，卻被限制出境，又被誣賴遺產全被我拿走，個個追著我要錢，但我這輩子其實也過得不錯了，兒子又很孝順我，人生也沒什麼好遺憾了。」她心懷感恩，不再用負面的角度去看過去的不平，當她心念一轉，能量亦開始改變，後來只花了三、四個月的時間，就解決了複雜的財務問題。

人類不同於萬物就是因為有自由意識、有詮釋權，你想怎麼看這個世界、怎麼看待別人，都由你決定。一旦你的心境改變，命運也會跟著改變，生病的身體也會因此痊癒。

一個人如果能從苦難中走出新的人生路，那麼種種苦難就是最好的安排，但如果自暴自棄，永遠活在不滿、憤怒和抱怨之中，那麼發生的苦難就不是最好的安排，而是最好的折磨了。

Chapter 9

# 連結

## 你並不是一座孤島

這世上所有人都是你能量的延伸。如果你感到孤單，你可以先從家庭開始努力，家庭中的每個成員都應該能自由自在地表達自己的感受，真誠地說出心裡話，並快樂地做自己。最重要的是，你要與內在的自己連結，去覺察與面對內在無形的自己，並與之交流。

有一次我在上課時，有位學員跟我訴苦：「許醫師，我家裡很熱鬧，朋友也很多，但我卻常常覺得很孤單，為什麼會這樣呢？」我說：「人之所以覺得孤單有很多原因，可能是與大自然能量失去了連結，亦即失去了『樹性』。」他皺眉問：「蛤？樹性？什麼是樹性啊？」

我解釋道：「就是你和一棵樹是一體的，如同你和一座山沒有分別，你和空氣也是一體的，所以你要找回你屬性中與大自然連結的部分，不要覺得大自然與你無關，它其實是你內在能量的延伸。

「除此之外，也可能是你失去了與家人或朋友的連結，別忘了這世上所有人都是你能量的延伸。如果你感到孤單，你可以先從家庭開始努力，家庭中的每個成員都應該能自由自在地表達自己的感受，真誠地說出心裡話，並快樂地做自己。所以你要做更多情感的表達，而不是只會說大道理，自以為在為別人著想，只要做到這一點，你就開始與家人的能量連結了。

「最重要的是，你要與內在的自己連結，要去覺察與面對內在無形的自己，並與之交流。因為真正的不孤單，不是身邊有很多人圍繞著你，而是內心有很多人陪伴你，這也等於和宇宙能量有了連結。」

## 你不是一個人，你並不孤單

我從小就常常覺得自己很孤單，求學過程中雖然有老師、同學在身邊，但更多時候我都是自己一個人，即使出了社會、有同事有朋友，那種孤單的感覺還是會不時冒出來，相信大部分人都跟我有同樣的經驗，以前我也不明白為什麼，直到我接觸了賽斯思想才找到答案。

因為我們一直以為自己只是一片小樹葉，我們不知道小樹葉其實連著一根小枝幹，小枝幹連著中枝幹、大枝幹，大枝幹連著一棵長滿葉子的大樹，而我們是成千上萬片葉子的其中之一。而這棵樹連著土地，土地上也有成千上萬棵樹。這些都是我透過身心靈的修行，才逐漸知道的真相，也才慢慢地不再覺得孤單。

其實你從來不是一個人，你有一個肉身的自己，還有一個靈魂的自己，也就是無形的你，這個無形的你所使用的載體，叫做「靈體」或「星光體」（Astral Body），通常人在睡覺時，靈體就會從肉體裡跑出來，靈體所經歷的過程就成了你的夢境，只是你不知道，而且經常在醒來後，就將夢境忘得一乾二淨。

聽到這種說法，很多人都會嗤之以鼻，但人類最大的發展瓶頸就在於過度使用自我意識，只認同眼見為憑的物質世界，但其實物質世界只是你看到的最表層，真正的生命和宇宙奧祕存在於你肉眼看不到、卻非常具體的無形內在中，這個無形的內在會在種種不同的時空，創造出許多有形的世界，而人類所在的時空僅為其中之一，可惜人類只因肉眼看不到、科學無法證明，就否定其他時空的存在，錯失了探索它們的機會。

你在這個無形的世界裡有一個能量體，你可以稱它為「內我」或「靈魂」，而靈魂的背後還有一個「存有」。靈魂就是一切生死輪迴的能量根源，它在其他時空也會浮現出另一個你，如果以時間的縱軸來看，我們稱其為「轉世的自己」；如果以時間的橫軸來看，我們稱其為「對等的自己」；若將可能性考慮進來，則稱其為「可能性的自己」。

一般人的輪迴轉世邏輯是：前世的自己死去之後，投胎變成今生的自己。其實並非如此，事實是：每一世的你都不曾結束，他們依然待在自己的時空裡體驗人生，並且同時與你存在，他們在他們的時空裡，你在你的時空中，但你們擁有同一個本體，彼此內在一直有連結。例如，你可能對明朝家具特別有興趣，時不時就會去研究這個主題，甚至花大錢買下它們，而這些相關訊息可能是活在明朝的你，透過內在的連結傳遞給現在的你。

所以轉世的你的確是你，但你的存在並不是線性的，也沒有因果關係，而是當下同時存在著不同的你。若以賽斯心法來講，你根本還沒開始投胎，就已經死掉了，因為無形界的你是不受時空限制的。

而你與所有的自己，皆可透過你的感應、起心動念而與之有所連結，所以你並不是孤單的一個人。當你開始認知到這一點，就可以慢慢打開內在無形的途徑，因為其他不同時空的你，也想跟你連結。

有學員因此問我：「許醫師，那個不同的我是男的還是女的？是員外還是奴婢？是黑人還是白人？我要怎麼知道呢？」我說：「很簡單，你可以從夢境中知道，因為睡覺做夢的時候，你的靈魂可以去探訪不同的宇宙，你在夢中見到的你，便是轉世的自己。」

還有學員問我：「許醫師，那我夢到過世的長輩，是怎麼回事？」我說：「那是你的靈魂去了所謂的『彼岸』。你所有往生的親友都好好地待在彼岸，有些則去了其他領域，有些正準備回地球投胎。所以在夢境中你的確可以跟往生的親友聯絡、見面、喝茶、聊天，反正要做什麼都行。」

## 《未知的實相》裡的「島嶼的寓言」

以物質實相來講，人彷彿被困在物質世界裡，人的起點是出生，終點是死亡，其間進行著一開始你或許覺得很棒、後來覺得沒有意義的卑微人生，但其實這些都是幻相，因為從頭到尾你只看到了有形的自己，才會總有莫名的孤單。

賽斯在《未知的實相》裡說過一則「島嶼的寓言」，話說海上有一座小小的砂島，島上種著許多棕櫚樹，是路過鳥類的庇護所。島上始終有一層薄霧籠罩著，茫茫大海更是將砂島與其他島嶼隔開，所以砂島一直以為世上只有自己一座島。

後來砂島看到不遠處還有其他島嶼，開始對那些島嶼感到好奇，結果砂島的臆想竟在霧裡形成了一個小窗，看出去之後，驚訝地發現有一條小小的珊瑚徑，將砂島與下一個島連在一起，再往遠一點看，發現其他的珊瑚徑都由砂島延伸到所有方向，然後接到更遠的島嶼。砂島疑惑地想：「他們全都是我嗎？」

於是砂島派出島靈飄到最近的火山島，島靈上島後嚇了一大跳，不敢相信怎麼會有一個島每天都在火山爆發，而且島上半點植物也沒有。砂島島靈開始懷疑：「這是我嗎？我明明這麼安靜有氣質，怎麼會有一個如此火爆又充滿能量的我？要命，他實在好吵哦！」但砂島島靈還是對火山島島靈說：「你是我自己，但沒有砂或棕櫚樹。」

火山島島靈回說：「對啦！我知道你是我，但你沒有我高聳的火山，也不知道熔岩轟隆流滾的奇景，你是很安詳啦，但你也很呆好嗎？」

後來這兩個島靈一起飄到第三個島，第三個島上布滿了他們從未見過的珍禽異獸。砂島島靈對第三個島靈說：「你是我自己，但你好愛交際，你怎麼能忍受滋育這麼多不同種類的生命？」

火山島島靈也對第三個島靈說：「我的興奮、喜悅與美麗是集中在火山的神奇上，而你代表了各種不同物種充滿活力的興奮。」

第三個島島靈不以為然：「我是我自己，才不要做什麼只有砂和棕櫚樹的無聊島，或一個只有火山爆發的神經質島，我的生命比你們的好太多了。」

在此期間，有一隻鳥從砂島飛了出去，飛到了另一座島，還帶回了一顆奇怪的種子，這顆種子落地後開始生長，長出了一株砂島上從未有過的全新植物，而那株植物又帶來了花朵、花粉、果實和香氣。

等到砂島島靈回來時，島上已經起了極大的變化，砂仍然閃閃發亮地躺著，但濃霧卻已不見，可愛的鳥類增殖許多，原本恬靜的海灘突然出現了一大群螃蟹，棕櫚樹也紛紛開花，整座島的生命熱情簡直大噴發。

而火山島跟砂島能量連結後，產生了泥土及花粉，不再每天都那麼躁動不安，心靈多了一種恬淡安靜的能量，更因為跟第三個島的能量連結，而得以投入更多能量，形成更多的新物種，最終火山島竟然長出了火山植物。而第三、第四個島也在彼此的連結中，活出了各自全新的精采。

這個寓言中的島嶼指的便是很多的你，你的意識不受限制，你有很多不同的身分，彼此之間可以混來混去，但你仍然可以擁有不可侵犯的本質及記憶。你可以把你的特質分散到另一個你身上，而他們也可以把他們的特質分散到你之中，然後在你們的同意之下，形成實相的新面貌，並且將共同的目的及挑戰看得更清楚。這也是為什麼我一再強調與內在連結是非常重要的。

## 時時觀照內在，才能避免自我投射

一個人如果不重視內在，沒有經常觀照自己的內心，很容易就會做出自我投射，什麼叫投射呢？舉例來說，一對夫妻結婚多年，一直生不出小孩，每次夫妻倆到公園散步，或是去動物園、兒童樂園玩，看到別人一家和樂，爸爸媽媽各牽著一個孩子，兩人就有滿腹的感傷。

或是有人看到亂七八糟的社會新聞，就會大罵政府管理不力，導致社會亂象等等，但其實他氣的不是政府，有可能是在氣兒子、氣媳婦，但又不能說出口，就算說了對方也不聽，而且講了很多年都沒用，只好藉由謾罵政府發洩心中的不滿。這樣的人就是掉進自己內心沒有處理完的投射之中了。

老實說，我也經常不自覺地陷入投射之中。例如從小我爸媽沒錢讓我去學才藝，長大之後我開始賺錢了，卻因為工作忙碌，沒空學才藝；而我太太是個喜歡學習的人，這些年來她陸續學了不少才藝，這本是好事，但我卻不太開心。我太太很不解：「我學會這麼多才藝不好嗎？為什麼你要因此不高興？」我鬱悶地說：「不是不高興妳去學才藝，而是想到從小到大都沒人把錢花在我身上，等我長大有錢了，卻又沒辦法學才藝，覺得很心酸罷了。」可如今虧待我的人是我自己，又能怪誰？

## 「為自己而活」是需要學習的功課

我有個學員的爸爸是一貫道的點傳師，一貫道的點傳師通常都很刻苦耐勞，必須「以身許道、財法雙進、開荒布種，赴湯蹈火萬死不辭」，他們擁有處理、應對「考驗」之權，而且大部分是無給職，還要視道場的需求奉獻自己的時間、心力與財物。

所以我那位學員的爸爸，出國傳教的機票、食宿費都要自己出，但一個月薪水卻不到四萬塊，所以他爸爸一直過得很省，即使人在外面工作口渴了，也不會花錢買飲料喝，而是忍到回家才喝水，他這輩子賺的錢大部分都花在別人身上了。

學員的媽媽則對自己很大方，想買什麼就買什麼，有一次他爸爸看上了一顆天珠，戴上之後覺得很有感應，於是花了一萬多塊買下，回家後很高興地跟老婆分享，卻因此被老婆從早唸到晚：「你買這個是要幹什麼啦！能做什麼用？一點價值也沒有好不好！」後來爸爸竟然哭著跟我的學員說：「我這輩子什麼

時候幫自己買過東西了？好不容易看上一顆天珠，才花一萬多塊，竟然要被老婆說成這個樣子？」最後他爸爸被他媽媽唸得受不了，只好把天珠退回去。

這位學員還告訴我，他爸爸有多年的糖尿病，我聽了以後並不意外，因為很多糖尿病患都活成了所謂的「社會我、家庭我、責任我、義務我」，他們可能是很成功的商人、扛著全家生計的一家之主，或認真負責的高階主管等等，他們讓很多人過得很好，卻從來不曾活出自己。

後來我跟那位學員說：「這件事不能完全怪你媽媽，因為你爸爸可能不知道什麼叫做『為自己而活』，也沒學會如何把錢花在自己身上，不信的話，你包十萬塊給他，他一定不知道怎麼花，最後還是全部交給你媽媽。」學員聞言點頭如搗蒜：「對對對！我包過紅包給我爸，他就是這樣耶。」

很多人都是為別人而活卻不自知，尤其是在為別人付出、犧牲的時候，講話都很大聲，一旦只為自己時，說話就變小聲了。記得有一天我問我太太：「妳下午去哪裡了？」她理直氣壯地說：「去百貨公司幫你買一件T-shirt啊。」我懷疑道：「然後呢？後面好像還有東西？」她語氣一窒：「有啦，還換了一個贈品。」我又問：「幫我買了一件T-shirt、換了一個贈品，還有呢？」最後她小小聲地說：「順便再幫自己買兩件衣服……」

還沒接觸賽斯思想之前，我也常會把別人的感受、別人的需求、別人對我的期待、如何滿足別人、如何讓每個人高興、讓父母覺得光榮放在前面，把自己放在後面，但其實我錯了，我太容易為別人著想、太容易滿足別人需求、太容易因為別人說什麼而放棄自己的想法，最後漸漸失去了自我。如果我不曾遇見賽斯，我很可能依舊那樣活著，然後不開心地過完一生，想想都覺得可怕啊！

## 「為別人而活」只會累死自己

其實像我這種人還真不少，而且這種人身邊通常都會出現很自私的人，因為兩者是對照組。所以如果你身邊有很多自私的人，那不是他們的錯，而是你有問題，因為你不敢做自己，就算你想做自己，也是偷偷摸摸的，彷彿見不得人似的。後來我察覺自己有這個習性之後，告訴自己：「從今以後在某些狀況下，我不再考慮任何人，我只問自己：『我是誰？我要什麼？』」

如果你不確定你是否在做自己、為自己而活，就請大聲說出：「從今天開始，我再也不為任何人著想！」然後感受一下，你在說這句話時有沒有很爽的感覺？如果你覺得很爽，表示過去你經常不自覺地為別人著想，而且下場都很淒慘。

你自以為在為別人設想，可是別人有感受到嗎？這真的是對方需要的嗎？他有因此感到快樂嗎？你有因此得到快樂、滿足、價值完成嗎？你想要人人好，但最後往往變成你被人人罵，最苦最累的人還是你，你內心當然會不平衡，可你又不知道問題出在哪裡。

其實是因為你虧待了自己，一個人如果沒有先滿足自己、找回自己，讓自己內心感到滿足和快樂，那麼當他看到別人日子好過時，內心一定會不平衡，可能是心酸、憤怒或嫉妒，最終讓他看世上每個人都不順眼。

我有個學員是位很認真負責的家庭主婦，把家裡打理得井井有條，幾個孩子在她的教養下，成績都很好，後來她卻不幸得了乳癌。有一回她來看我的門診，忿忿不平地說：「許醫師，你知道嗎？我老公居然趁我得了乳癌，對他的監控降低時，去訂了一部超跑！」我問她：「一部超跑大概多少錢？」她咬牙切齒地說：「六、七百萬吧。」我嘆了口氣：「難怪得乳癌的人是妳。」「蛤？什麼意思？」「意思是妳先生很會滿足自己，妳不會啊。」「許醫師，你怎麼這麼說？好過分喔！」「請問妳老公是敗家子嗎？他買那部超跑有動用公司的錢嗎？有去貸款嗎？買了以後生活有入不敷出嗎？」「都沒有，錢是我老公自己賺的，他薪水本來就滿高的，又剛好遇到公司分紅，可以買那部超跑。」「那他也沒有害到誰呀，有問題的是妳，妳從頭到尾都認為自己在為別人付出、為別人犧牲，可最後得到癌症的也是妳。」

如果你的內心不能得到安定、滿足、喜樂，就算為別人著想、犧牲、付出得再多，也沒有任何功德，還會變成世上最不快樂、內心最黑暗的人。別人知道你愛他，但他不喜歡你的方式，別人知道你的無私付出，卻也覺得你很煩，別人知道你為他犧牲很多，但他也會受不了地大喊：「麥擱來啊！」

## 學會照顧自己，就能創造世界大同

我有位個案是小學老師，先生在大陸工作，有一天她來看我的門診，我見她手上包著繃帶，便問怎麼回事，她說：「許醫師，我昨天割腕自殺了。」我嚇了一跳：「妳幹嘛割腕？」她哭哭啼啼地說：「我以為我老公在大陸吃不飽、穿不暖，每天吃苦受罪，結果他是每天晚上上酒家，天天吃香喝辣的，還包了一個二奶！我為了他做牛做馬，在台灣侍奉公婆，讓他無後顧之憂，平常更是省吃儉用，什麼錢都捨不得花，每天下了班還要趕回去煮飯給公婆吃……」「那現在呢？」「昨天我就叫我公婆去吃屎啦！」「這也差太多了吧？」「拜託！我老公都只想到他自己，都沒想過我在台灣有多辛苦，我為什麼還要為他付出那麼多？這種爛人老娘不要了啦！可是不要以後，我又覺得好孤單，只有自己一個人，活著也沒什麼意思，就割腕了……」

為什麼她如此重情重義、愛夫如命，最後卻活成了一座孤島？因為她活在自我的層面裡，她所付出的愛是強加式的，未必是丈夫想要的。

如果你為別人著想、付出、犧牲，最終導致內心不平衡，那有問題的人就是你，不要覺得為別人吃苦受罪很偉大，而要想想你做的一切是不是別人想要的？或許別人希望的是你照顧好自己，不要過這種委屈自己的生活。

我不會否定為別人著想、付出、犧牲背後的那份愛，但是當愛以這種方式呈現時，既幫助不了別人，也成就不了自己，最後只會讓自己變成一座無人理睬的孤島。

以身心靈的角度來說，為別人、為家庭、為公司負責其實都不難，最難的是能不能為自己負責。所以請你大聲說：「從今天開始，我再也不會過度為任何人著想」、「從今天開始，我再也不過度考慮其他人」、「從今天開始，我再也不過度站在別人的立場」，這是一種「改變自己」的鄭重宣誓，因為你要開始學習真正為自己負責了。

不要小看為自己負責、照顧好自己，如果每個人都能做好這兩件事，就是這個世界最大的福氣了，因為世上將再也沒有犯罪、沒有監獄、沒有警察，甚至連醫院都不需要了，這不就世界大同了嗎？

賽斯強調「跟隨內心的衝動」，也就是不被自我意識、外界看法所左右，只是憑心而行，說來容易，但其實多數人都活在自我意識中，以為只要對別人、對社會交代得過去就沒事了，殊不知我們不用向任何人交代，唯一要交代的人只有自己。

如何對自己交代呢？你可以從「做自己」開始，因為這代表你的自我意識（小我）已連結了意識心和內我意識，你不考慮任何人、不在乎別人怎麼看你、不主動為別人著想，只做自己想做的事，最終你做的事反而能符合天命，呼應人心，與眾生一體。

不信的話，看看那些偉大的藝術家，畢卡索的畫作獨樹一格，極力的誇張、大膽的扭曲變形，絕非投普羅大眾所好而畫，而是畫出心中所想；貝多芬也不是為聽眾譜曲，而是為自己創作，他不拘泥於音樂會要求的效果與氣勢，只譜出心中之樂。他們都忠於自己，不僅讓自己名垂千古，更為後世留下了珍貴的藝術寶藏。

## 關於宇宙真相的二三事

有一次我在課堂上跟學員說：「當你進入賽斯心法後，第一個感覺會是『平安』，而且無論生前或死後，你都是平安的。」因為在你出生之前，你的超靈，也就是那個無形的自己，就已經知曉你的存在了，你便是由他而來的。在你死亡之後，你還是會被引領得很好，因為每個人往生之後，都會有人帶領著他走下一步。

我甚至在課堂上承諾：「到時候帶領你的可能是天使，也可能是阿彌陀佛，就看你信什麼，但不管來的是誰，你只管放心跟祂走就是了。如果你往生之後發現沒有人來帶領你，覺得許醫師就是在練肖話，那你儘管來找我算帳，我一定恭候大駕！」你死後有人帶領，而你活著的每一天，也有你的「超靈」（天主教稱之為「守護天使」）陪伴你，也就是無形的自己，意即你的「本我」，而「本我」就是我們內在愛、智慧、慈悲、創造力與神通力俱足的自己，你隨時都可以跟「本我」連結與禱告。

現在的修行已不再是追隨一個外在的、客觀的神，而是要找到內在神性的自己，這個自己最大的能量就是創造力，它可以跟你其他的自己建立連結管道，讓你收到來自心靈的訊息，知曉人生之路應該怎麼走，並同時擁有平安的感覺，而你的神通力也會因此逐漸增加。我所謂的「神通力」並不是一般的怪力亂神，它其實是你的潛能之一，包括：靈魂出體的能力、預知未來的能力、心想事成的能力等。

你的超靈一直默默守護著你，從未離開過你，只是你來到這個物質世界後，被它的五光十色所吸引，你的眼睛不斷向外看，你的心卻不曾向內看，感覺不到超靈的存在，更不知道還有一個更寬廣開闊、不生不滅、不增不減的心靈宇宙，你不知道你在夢中曾經跟那個無形的世界有過連結，因為醒來後你全都忘光了，只急著投入物質世界的另一天，直到有一天你年紀大了，老年癡呆了才清醒過來。

講到這裡有學員指正我：「許醫師，你說反了吧？老年癡呆怎麼會是清醒的？」我說：「沒錯啊，你在物質世界是癡呆了，但你會在另一個無形世界裡慢慢醒來，因為清醒的你跑到那個世界去了，而那個無形的世界才是宇宙的根源，創造宇宙間的一切存在，包括地球和一切星球，包括地球人和外星人。」

有學員驚訝地問我：「許醫師，你相信這世上有外星人啊？」我笑說：「當然有啊，宇宙這麼大，怎麼可能只存在人類？只是人類一直用物質的角度在想像外星人，卻沒想過外星人並不以物質形式存在，而是以精神體的形式呈現。所以即使有外星人來到你身邊，你也看不到、察覺不到。」又有人問：「那有沒有搭乘太空船來的外星人？」我回答：「也有，但那是科技比較落後的外星人。」

人類以為地球是宇宙中唯一存在生物的孤獨行星，其實不然，宇宙熱鬧得不得了，甚至地球本身也不是人類看到的樣子，因為人類只看到地球的某一個層面而已，事實上還有過去的地球、未來的地球、可能的地球、替代的地球等等，當然，因為自我意識的限制，人類不可能看到這些奇觀。

然而自我意識之所以如此，是為了讓我們全力以赴地過好現在世，它不要你記得前世，也不要你知道來生，以免干擾了你今生的功課。所以只有一種人會憶起所有轉世，那就是快要結束輪迴轉世的人——這樣一講，你會不會覺得還是不要想起前世好了？

透過賽斯，我有幸了解了很多宇宙真相，賽斯思想不是宗教，而是一種生命哲學，它引導每個人了解自己本自具足的內我。而我致力於推廣賽斯思想，就是希望能幫所有人打通心靈的能量，否則人類會一直活在具象化的世界裡，以為自己是孤單的。每個人都應該知道一個真理：人類跟宇宙能量是相連的，而且這樣的連結永生永世都不會斷掉，我們都會一直活在宇宙的慈愛與恩典中。

Chapter 10

# 流動

## 每個當下都是新的

你要趕快把用得到的東西拿出來用，用不到的東西就送給需要的人，讓停滯的能量動起來。藉由你跟物品之間能量的重新流動，找回心靈當下的力量。當你的心靈、潛意識開始流動，你身體的循環、新陳代謝都會跟著改善。

記得我爸爸有一年膝蓋開刀，出院後必須拄著拐杖走路。有一天我帶他們外出吃飯，爸爸一下車，我就聽見媽媽問他：「你怎麼換了這麼粗的一根拐杖？」我爸說：「我是想萬一有人要打劫我，我這一拐杖打下去，就能把搶匪打昏了。」我聽完噗哧一聲笑出來：「爸，人家看到你只會覺得你很可憐，還會說『阿伯，我沒有要搶你，這一百塊你拿去坐計程車啦』。」

我媽也開始打趣他：「你想用拐杖打人？我看你還沒準備好，人家就跑掉了吧？你連打我都打不到好不好？不然我們兩個來試試看如何？」我在旁邊又添了一把火：「不然妳用腳踢他，他用拐杖打妳，看你們兩個誰會贏？」我爸聽了氣得直搖頭，逕自拄著拐杖走掉，不理我們這對沒良心的母子。

會想起這段有趣的往事，是因為我發現家人間的玩笑可能會令人火冒三丈，家人的叨唸也可能把人逼瘋。這些碎念也是一種能量的流動，聲音有時大有時小，像海波浪似的一波一波襲向你，最後變成穿腦魔音，逼得你不得不奪門而逃。

然而有些絮絮叨叨正好相反，例如作家川端康成、三島由紀夫、張愛玲等人的作品，也經常充滿了叨叨唸唸、喃喃自語，有些藝術電影更是從頭到尾都在自言自語，卻讓人聽得很舒服，很想繼續聽下去。我一直在想，為什麼兩者有那麼大的不同呢？

後來才發現這兩種自言自語是不同的，前者是不斷將潛意識裡的矛盾衝突，化為憤怒、攻擊與不滿，發出這種叨唸的人，可能是想被關心、被肯定，但給出的訊息卻是指責抱怨，造成別人意識與潛意識的混亂衝突。

爬過山的人都知道，在整個攀爬過程中會很累、腿很痠、汗流浹背，但是當你爬到山頂，登高望遠、涼風襲面時，會突然有一種釋然清爽的感覺。後者的自言自語便是如此，它經過了沉澱和整理，充滿著智慧與寬容，人在聆聽的過程中或許會感到不適，卻也因此逐漸看到自己的內心。

當然，有這種功力的人並不多，所以我希望有一天你被叨唸時，能按下紛亂的心，去感受你們之間能量的流動，體會對方真正想傳達的意思是什麼。

## 一新的故事：用信念治好末期肺腺癌

有一年，我在中正紀念堂演講時，請了賽斯家族成員一新上台分享，一新在當時的前一年十一月，於日本被診斷出有第四期的肺腺癌，而且癌細胞已經轉移到大腦了。一新是個事業有成的人，他找的都是日本名醫，可每個醫生都表示無能為力。無奈的他只好開始處理自己的財產，包括澳洲的牧場、香港的公司、大陸的產業等，都一一做好了安置。

在等待離世的某一天，他在網上輸入「絕處」兩個關鍵字，結果跳出一本叫做《絕處逢生》的書，正是我在二〇〇〇年出版的一本書，後來他用最快的速度從朋友那裡拿到這本書，坐在家附近的小公園裡，花了五十分鐘一口氣將它看完。看完後立刻決定到台灣學習，接著每個月從大阪坐飛機到台灣，參加賽斯教育基金會辦的活動，並在賽斯村住上兩個星期。

隔年的一月，他回大阪醫院複診，發現身上所有的癌細胞都不見了，醫生大嘆不可思議。此後他每個月都會回醫院做正子攝影與核磁共振，沒多久連腫瘤的疤痕都不見了，整個人的免疫力也不斷提升，身體一天比一天好。

一新是大陸無錫人，因為受益於賽斯思想，想將身心靈觀念推廣到家鄉，於是在無錫辦了一場身心靈講座，希望鄉親能藉此認識賽斯思想，還特地邀我前去參加。會後我和他公司的一群員工一起用餐，宴席上一新公司的總經理問我：「許醫師，你到底在我們老闆身上下了什麼藥？不但治好了他的癌症，還讓他整個人變了一個樣？我們現在都快認不得他了。」我聽了很開心、很興奮，甚至感到驕傲。

一新原來是個很嚴肅的老闆，臉上長年沒有任何笑容，對員工的要求也很高，如今他的家人和同事都覺得他十分可親，還變得有點三八，每次看到我都像個小孩一樣，要跟我擁抱。

一新說：「我的心情真的很難用言語來表達，我知道很多人對於我的癌症痊癒都很驚訝，聽到我不是吃了什麼特效藥、而是學了賽斯心法才好的，就更驚訝了。他們都想知道為什麼賽斯心法會有這種神效，我想是因為我有足夠的信任，並且付諸行動，我自從接觸許醫師以來，完全信任許醫師、信任賽斯，沒有再去找新的醫療方法，也沒有再接觸其他身心靈團體，所以才創造了這次的奇蹟。我現在深深地相信，我的身體本來就是健康的，而且我能創造我自己的實相。」

現在一新的熟人看到他第一句話都是：「你現在怎麼跟以前不太一樣？」甚至有一次一新跟團出國旅行，十幾天下來，導遊跟他說：「我當了四五年的導遊，第一次碰見你這麼好的人，我一定要請你喝個雞湯。」

一新在台上笑著說：「我也很感謝賽斯村的主任，每個月對我精心的教導，現在我每天都充滿了喜悅，也有心情去欣賞大自然的美、人情之美、文化之美，以前從來不覺得這有什麼美不美的，但現在我眼中看到的一切人事物都很美。」

一新學習賽斯心法之後，不但身體健康了，人也快樂許多，因為心中有愛，看出去的世界都變得美好。或許是基於感激之情，後來他捐了一百萬給賽斯教育基金會，並受邀成為榮譽董事。

## 能量不再流動，生命就會停滯

以前我在醫學院學習肺部病理學時，要解讀很多肺部X光片，我發現年輕人是用全肺呼吸，空氣的流動區域很大，而老人家大概只用三分之一的肺呼吸，上肺和下肺都沒動，只有中肺在呼吸和喘氣。

其中也有肺結核的肺臟X光片，肺結核通常是從肺部兩側的肺尖，即靠近鎖骨的下方，開始發病的。我很好奇為何如此，便問教授：「為什麼肺尖是最容易開始發病的地方？」教授說：「因為肺尖是全肺空氣最不流通的部位，我們在呼吸的時候，肺尖最少被使用到。」

用不到的東西或地方，就會產生能量阻滯，人的內在能量亦是如此，當它不再流動時，就是人心靈老化的開始，更是身體老化的關鍵，而生命也就逐漸停滯了。

有鑑於此，後來有人提倡全肺呼吸的運動，就是做兩個動作：一是將兩手舉高，讓肺尖的部位得以伸展，二是將一邊的肩胛骨整個拉高，讓空氣可以進到肺尖，讓空氣可以在整個肺中流動，以增加人的肺活量。一旦肺活量增加，身體的血液循環也會變得更順暢。

幾年前我讀過一本日本翻譯暢銷書《斷捨離》，教導讀者斷絕不必要的東西、捨棄多餘的雜物，「斷捨離」也是一種生活的「新陳代謝」，透過思考「我想過什麼樣的生活」，看清自己真正需要、讓自己感到舒服以及最適合自己的東西。它不是要你過清貧生活，而是要你擺脫對物品的執著，讓你周圍的能量再度流動。而最終你會發現，你真正需要的東西其實並不多。

書上說，你可以清掉你以為你用得到、其實用不到的東西，回收或送人都可以，再把你平常捨不得用的高級瓷器、碗盤、包包、衣服都拿出來用，讓你家客廳、房間、儲藏室、收納空間的能量開始流動，最終圍繞在你身邊的都是最好、最適合你的東西，而不是用幾十塊錢買的馬克杯喝咖啡，然後把高級瓷器擺在壁櫃裡展覽，那表示潛意識裡你認為自己不配使用高級的物品，而且沒讓身邊的能量流動。

書中還打了一個比喻，人小的時候，上層的清水很多，底層的沉積物只有薄薄一層，隨著年紀愈來愈大，底層的沉積物愈來愈厚，而上層的清水則愈來愈少，因為生命慢慢地無法流動了。

沒錯，上了年紀的人都有一個特徵，那就是流動量愈來愈少，吃的東西、去的地方都很固定，使用的東西也很有限，身上穿的永遠是固定那幾件衣服，其他衣服總說要留到以後穿，我都很想問：「是哪種以後？」

所以上了五十歲的人聽好，現在就把你所有的東西都拿出來用，用不上的東西，也不要想著以後會用、客人來了再用，不會有那麼一天的，你就死心吧！

我就有這樣的經驗：我經常搭乘長途飛機，會收到航空公司免費贈送的便利牙刷、牙膏，只要沒用上的，我就會帶回家，心想哪天有客人來家裡住，可以讓客人使用，就這麼留了二、三十組，塞了滿滿兩個抽屜，結果十年過去了，客人一個也沒來，早知道根本就不要帶回家。

所以你要趕快把用得到的東西拿出來用，用不到的東西就送給需要的人，讓停滯的能量動起來。藉由你跟物品之間能量的重新流動，找回心靈當下的力量。當你的心靈、潛意識開始流動，你身體的循環、新陳代謝都會跟著改善。

## 有捨才有得，能量才能重新流動

我曾經看過一部在談老鷹的影片，片中提到老鷹的平均壽命是七十歲，但老鷹到了四十歲時，鋒利的爪子會開始老化，無法有效地捕抓獵物，而牠的喙也變得又長又彎，幾乎碰到胸膛，不再像以前那樣靈活。加上體脂肪的累積，使老鷹的體重變重，嚴重影響飛翔。此時老鷹只有兩個選擇：死去或痛苦地重生。

老鷹要如何重生呢？首先牠會把自己餵飽，然後飛到山頂，在懸崖邊築巢，躲在裡頭不能出去，然後用自己的喙擊打岩石，直到整個喙完全脫落，等待新喙長出來。接著用長出來的新喙，將自己老舊的鷹爪一根根拔掉，等新的鷹爪長出來後，再用鷹爪將羽毛一根根拔掉，等待新的羽毛長出來。在這個過程中，老鷹不能出去獵食，過著飢餓又痛苦的生活，直到漫長的五個月重生期結束，老鷹便可再獲得三十年的新生命。而捨不下老舊的肉體、不敢對自己下狠手的老鷹，只能等死。

賽斯說過，人類每七年會轉一次大運，包括人體的細胞也是每七年重生一次。所以當算命師說你命中有一劫時，未必是壞事，因為以身心靈的角度來說，所謂的「劫」其實是一種「捨」，因為你累積了太多沒捨掉的東西，所以會發生這麼一場劫難，將你累積的東西統統清光。

人要讓自己的心永遠處在一種「空」的狀態，因為空才能容物，一個心裡裝滿心事的人，很難再想別的事，但心懷虛空之人，卻能在每個當下，用全新的角度看待這個世界。所以人雖然要有自己的看法，但也必須常常沒有想法，才有辦法傾聽別人在說什麼，若心中充滿了堆積之物，又怎麼聽得進別人說的話、允許新思維流進自己的大腦？

## 停止競爭與比較，找出自己獨特性，就能天下無敵

有一年，我在大陸深圳一所二、三流的中學演講，當天會場前面幾排坐了

一、兩百位老師和家長，後面二十幾排坐的是高一學生。

我在演講中對家長們喊話：「我不是要你們鼓勵孩子跟別人競爭和比較，不是要你告訴孩子『如果你今天考不上北京大學、清華大學或復旦大學，就表示你沒有未來、沒有前途』，人生不是只能走這條跟他人競爭比較的路，而是要找出自己的特色、專長、興趣和能力。」

當時我舉了幾個例子：一個是揚名國際的台灣麵包師傅吳寶春，在台灣想吃吳寶春麵包的人，都得排上一、二十分鐘的隊，才進得了吳寶春麵包店的門。還有台灣知名的服裝設計師吳季剛，他從小就與眾不同，不同於一般男孩喜歡槍砲汽車等玩具，從小就喜歡玩洋娃娃，還經常託人幫他蒐集，就連出門逛街都吵著要買洋娃娃，而且喜歡研究京劇名伶的戲服，後來跟著母親到加拿大念書，也一直發展自己的特色，並發揮自己在服裝設計上的長才，才有了今日的功成名就。

再看看近年來台灣成名的人，多半不是拔尖優秀的學生，許多留學國外的碩博士回到台灣後找不到工作，而技術人員、廚師、麵包師、服裝設計師等卻紛紛冒出頭來，他們都是在各行各業中找到自己獨特性，繼而發光發熱的人。

這些年來，政府一直在強調如何提升台灣的競爭力、台灣的國際地位，但我要告訴各位父母，提升孩子的競爭力，可以讓他更有自信心，但絕對不是拿建中、北一女、台大學生跟孩子比較，因為競爭力的提升不是透過考上名校，而是幫助孩子找到他自己。

天生我材必有用，你必須告訴孩子：「你要認可自己，找到自己存在的獨特性，以及無可取代的專長。」否則就算你的孩子進了台大，你也無法安心，畢竟國際知名的大學比比皆是，比台大孩子優秀的也大有人在，如果你希望孩子能有競爭力，就要開始讓他走自己獨特的道路。

我記得我國小國中都是班上的第一名，結果進了建國中學後，變成班上的第十名，等到大學畢業時，已經是全系的第一百名了，但我並不擔心，因為我在高中和大學時，就停止跟人競爭和比較，我大部分的心力都放在尋找自己的獨特性上，這也使我後來選擇走上身心靈思想這條路。

而走上這條路後，我一直過得不錯，如今在國際間還略有薄名，在全球身心靈舞台上，我稱第二，沒人敢稱第一，你在紐約的書店可以看到我的翻譯書，未來也將有日文等其他語言譯本。我敢說我在台灣沒有競爭者，因為我從來不是藉由跟別人競爭、打敗別人、比別人好而得到今日的成就。跟別人比較會迷失自己，跟別人競爭會忽略自己，只有找到自己，才能天下無敵。我所謂的「天下無敵」不是事事勝過別人，而是「我只做我自己」。

一班三十個學生當中，只會有一個第一名，但身心靈的力量會讓一班三十個孩子，都成為自己的第一名。我說的不是「人人都給第一名」，那是一種假平等，而是某個孩子在A領域是第一名、某個孩子在B領域是第一名、某個孩子在C領域是第一名等等。如果我們的教育能從競爭性、比較性、標準化規格，變成獨特性、個別性，讓每個孩子找到自己內在心靈的力量，台灣的國力絕對是另一番局面。

我在大陸中學講了以上這番話之後，引起了現場兩極化的反應，後面那排的高一生從一開始的埋頭寫功課，到慢慢抬起頭來聽我說話，到最後演講沒辦法結束，因為那些高一生爭相舉手發問。

而前排的家長們則有兩種態度，一種是熱淚盈眶，覺得我終於幫他們的孩子找到活路了，另一種則是不以為然，叨唸著：「這怎麼行？我的孩子功課就已經落後、缺乏競爭力了，你還叫他們不要加強競爭，那不是更慘嗎？」我回說：「好啊，那你回去把他逼死吧。」

即使台灣的競爭力下滑也不用擔心，因為我們必須透過競爭力的下滑而產生流動，什麼樣的流動呢？就是我們開始知道自己是誰，並且找到自己的獨特性，就像賽斯書是從美國紐約州傳過來的，但它在台灣正產生自己的獨特性，而我們也正在產生一股力量，這股力量將是全世界絕無僅有的。

## 醒時的你在夢中，夢中的你才真實

在《靈魂永生》一書中，賽斯提到：人每天晚上的睡覺就是一種死亡，沒人能確定你這一覺睡下去，明天一定會再醒過來，世上多得是一覺從此不醒的人。因為人在睡覺時，意識已經進入了另一個空間。不管你是否記得，你都有靈魂出體的經驗，一旦進入夢境，你可能會飄到天花板上，甚至整個人到處飛，愛上哪兒就上哪兒，不管你在做什麼，你都已靈魂出體。

所以當你在做夢時，你是另一個自己，一個更有智慧、更有覺察力、對自己生命有更多認識的你，只是你不知道那個自己就是你。賽斯也說：「你以為白天醒著的你是全部的你，但其實他只是一小部分的你，你根本從未認識真正的你。」所以夢中的你還比較接近真正的你。

人類最早期醒時是在夢裡，後來才慢慢顛倒過來，所以不是你晚上睡覺進入夢境，而是你白天醒來時開始做夢，就像我現在振筆疾書是在做夢，而讀著這本書的你也正在做夢，等我們都上床睡覺了，才是真正醒來時。

你在睡覺時用的不是三次元肉體，而是星光體，只是物質世界裡的夢愈來愈真實，真到後來你以為它是你唯一的生命。但是你錯了，你真正的生命是在冰山一角下的百分之九十九，你所看到的廣大物質世界，不過是海平面上小小的百分之一而已。

你知道什麼是「往生」嗎？往生就是你回到真正的自己，並且認識了你全部的自己，你現在看到的自己，不過是真正自己的片段而已。所以我很喜歡賽斯對輪迴轉世的說法，他說輪迴轉世不過是比較長的睡覺，只是你偶爾醒來時，會忘了你上輩子是誰、都做了些什麼事。

我們每天醒過來都是在自己的身體裡，不會跑到別人的身體去，而轉世就是有一天你醒過來，發現自己在一個小嬰兒的身體裡，並且忘記之前發生的所有事，然後慢慢地長大，過完一輩子，然後再次醒在一個嬰兒的身體裡，直到有一天你完全離開地球，再也不回來了。

## 允許能量流動，讓每天都煥然一新

我們的每一天、每一生以及所有的轉世，都是有時間順序的，每一天就代表你的一生，而每一生就代表了你的生生世世，因為賽斯曾說，你所有的生生世世都會以一個濃縮的形式，在每一天當中顯現它自己，每個轉世的線索與暗示，都藏在你這輩子當中，你其實擁有所有轉世的記憶與經驗，只是你不知道罷了，也許你這一生有機會施展累世的才華，也許你一輩子從未發掘它們。

於是有人問我：「許醫師，那為什麼我想不起前世的事，也記不起前世的經驗，那我不是很虧嗎？」我說：「因為你沒有讓能量流動，沒有讓自己的生命在每個當下都是新的。」人體細胞每七年會來一次大更新，人的心靈自然也不斷在更新，人的命運每七年會有一個大轉折，人的心靈自然也想每七年變動一番，而你要做的是容許能量流動、容許心靈變動。

經典電影《亂世佳人》女主角郝思嘉有句名言：「明天，又是全新的一天！」這也是電影裡的最後一句台詞。這句話傳達了郝思嘉的勇敢與毅力，即使愛情失意、生活窘迫，她依然勇往直前、絕不屈就。

這句流傳了八十多年的經典名言的確是事實，人的每一天都可以重新開始，包括健康也可以重新開始，賽斯在《健康之道》裡說過，當你在心靈上告訴自己，你可以重新開始時，你的身體就真的可以重新開始，不論過去你的體質如何、有什麼慢性病，一切都可以重新來過。

賽斯還說，生病的人，尤其是生重病之人，要讓自己在每個片刻都重新開始，就像前文提到的一新，他在癌症末期接觸到身心靈觀念後，便不斷告訴自己，他的每一天都是新的，然後把過去的自己一一拋下。

一新是一個從上海到日本做生意的人，他覺得做生意就像賽馬一樣驚險，隨時都在警惕自己不能輸，凡事一定要贏，到手的生意不賺到缽滿盆滿絕不罷休，結果他來到賽斯教育基金會後，卻跟我說：「許醫師，我在基金會裡不要名不要利，我只要快樂跟健康。」

除了健康和快樂，他別無所求，因為他的生命已經煥然一新，他的每一天都充滿變化，不斷認識新的人、嘗試新的事物，早已脫離那個金錢鬥爭的循環，他覺得現在的生活才是「真正地活著」。

並不是每個人都有一新的智慧，人有很多東西都拋不下，若學不會心靈上的斷捨離，放掉過去的習性和思維，就會陷在過去的泥淖中難以脫身。

## 一切永遠都從當下開始

我曾經輔導過一位個案，後來她出家了，但她跟我說：「許醫師，雖然我現在是出家人，但我依然罪孽滿身。」我不解地問：「好好的，妳有什麼罪？」她黯然道：「我在出家之前，男朋友很多，關係比較亂，曾經墮胎過四、五次，造了很多殺孽。我之所以出家，有很大一部分的原因是為了贖罪。」我可以感覺到她的不快樂，即使她拋卻前塵，卻仍活在自己認為的痛苦之中。

我相信很多人都跟她有同樣的心境，不斷後悔自己過去的選擇：「早知道選另外一個工作，就不會遇到這個豬頭老闆了！」「當初就該買那支股票，現在漲成這樣，要追都來不及了！」「就不該跟那個人做生意，一點信用也沒有，害我賠那麼多錢！」「當初不要嫁給這個爛人就好了，搞不好我現在已經是豪門貴婦了。」我曾經輔導的一位個案已經八十幾歲了，直到她快去世的那一刻，依然覺得自己當初不應該嫁給她老公，還在懷念已經當了醫生的前男友，一輩子都活在悔恨當中。

所有活在痛苦的過去中、不斷回想痛苦記憶的人，都是因為今天沒有讓自己過得快樂，因為他們忘記「威力之點在當下」，忘記自己可以選擇開心喜悅，忘記自己可以讓生命有所不同，忘記自己其實是有選擇權的。

我輔導過很多想不開的患者，當我得知他們的自殺意圖時，不見得會馬上阻止他們輕生，但我一定會告訴他們：「你有選擇權，你連自殺都可以了，你當然可以離家出走！」「你連自殺都可以了，你當然可以出去找工作！」「你連自殺都可以了，當然可以跑到國外不理任何人！」「你連自殺都可以了，你還怕誰傷心難過嗎？」「你連自殺都可以了，你的生命有這麼大的自由，你看到了嗎？」

我有位個案，是個每天在家洗衣煮飯、照顧小孩的家庭主婦，家中的經濟大權都掌握在老公手中，後來老公有了外遇，既不肯離開小三，也不肯跟個案離婚，老公不是因為愛她而不肯離婚，而是他的父母和小孩都需要個案照顧，即使公婆小孩站在她這邊，也挽不回老公的心，公婆為了留住這個孝順貼心的媳婦，甚至勸她跟小三共侍一夫，她想離婚都離不了，痛苦得想一死了之。

我聽了以後對她說：「太棒了！妳連自殺都可以，那妳一定可以離婚的。只要妳還活著，當下就有選擇權、自主權，以及行動的能力，沒人綁住妳的手腳，妳想做什麼都行。離不了婚就先分居，沒錢就找公益律師問怎麼辦，只要妳想，就一定離得了婚。」

還有個案跟我訴苦：「許醫師，我學歷不足，都找不到好工作，每個月薪水都只有一點點，根本吃不飽，更別說存錢了，我好後悔當初沒有好好念書，現在已經來不及了，我該怎麼辦？」我不禁冷哼一聲：「你知道高雄有個叫做趙慕鶴的老人家，九十五歲考上南華大學哲學系研究所嗎？他住在沒電梯的公寓四樓，每天都要上下樓梯，早上五點多騎自行車到火車站，搭火車到嘉義，再轉公車到南華大學上課，九十八歲拿到碩士學位，一百歲在香港開書法展，書法作品被世界第三大圖書館大英圖書館收藏，還出了自傳成為暢銷作家，到了一〇五歲還去考博士。你今年才幾歲？你跟我說學歷不足？」

其實我們的過去都是幻相，那些自以為活在痛苦過去的人，不過是因為沒有拿回自己的力量，而不斷地浪費每一天，讓自己走不出過去的陰影。人類會有肉體、有今天、有明天是有理由的，你可以在今天採取行動、在明天獲得希望、從過去得到教訓和經驗。

請你記得一句話：一切都來得及，只要你從今天、從這一刻開始。你的這個決定與行動就是一種流動，只要能量流動了，當下就會產生新的力量，因為心靈、潛意識、自我意識本來就是不斷地在流動。只有活在後悔當中的人，能量才會停滯不前，那些認為一切已經來不及的人，就算你再給他一萬年、再讓他轉世一百次，也一樣來不及，只會責怪過去、責怪別人的人，就會一直失敗下去，因為賽斯心法說「力量永遠在當下」。

在物質世界裡，我們有時間差，每個人都要從嬰兒、兒童、青少年、成人、青壯年一路到老年，有人現在才二、三十歲，有人已經七、八十歲，各有不同的現狀、身體、社會狀況，但這是物質世界的遊戲規則，心靈卻沒有這樣的限制，對心靈來說，一切永遠都從當下開始。

很多人都問趙慕鶴：「你年紀都那麼大了，為什麼還要學英文、學電腦、考研究所，把自己弄得那麼累？」趙慕鶴回說：「因為我還活著啊！」那些一直在自責後悔、想著過去的失敗、覺得一切都來不及的人，都應該問問自己是否還活著，搞不好他們已經死掉而不自知呢！

只要你今天還活著，就有行動力，就有跟心靈和宇宙連結的力量，就能在心靈的層面上重新開始，光是「你決定自己可以重新開始」的意念，就已為你帶來能量了。如果你不知道如何重新開始，不妨從「捨」開始，藉由斷捨離，捨掉舊有的習性，迎向一個擁有全新思維能量的自己吧！

Chapter 11

# 喜悅

## 成為你自己的光

如果你活著的時候不快樂，被你的三次元意識緊緊綑綁，那麼死後你可能脫離不了那個意識狀態，因而很難快樂。這一點要留意，在你活著的時候，就要讓自己快樂，去感受生命本質的喜悅。

我在二〇一三年出版了《我愛的人，要走：身心靈臨終關懷手冊》一書，目的是要介紹一個大家從沒想像過的死後世界，以及人在面臨死亡時的意識變化。當初會想寫這本書，是因為我發現許多人對往生之後會去到哪裡、是不是有輪迴轉世等問題感到好奇，但這類問題往往被歸到宗教的範疇，而宗教又有太多的儀軌和框架，潛藏著許多恐懼和負面思維，令人對死後世界更加敬而遠之。

但賽斯心法不涉及宗教，也不談論鬼神，所以我當初接觸賽斯思想時，就有個心願，想寫一本真正談論死亡奧祕、且與宗教無關的書。很高興我終於做到了，它在當年也是第一本從身心靈角度去看待和探索死後世界的書。

## 令人好奇的死後世界

我記得自己從國小三年級開始，最害怕的事就是爸爸媽媽死掉，長大之後，恐懼逐漸轉成心疼與不捨，經常想著：「如果有一天爸爸媽媽往生了，他們會去哪裡？」「人死了以後還會存在嗎？」「真的像傳統宗教說的那麼恐怖，有什麼地獄、六道輪迴的？稍有不慎就落入了畜生道，投胎成被人宰殺的雞豬牛羊？還是落入餓鬼道、地獄道，永世不得翻身？」「那些自殺的人，是不是像宗教說的會到枉死城，永遠不能再入輪迴？」「那些修得好、有福報的人，是否就能進入天道、阿修羅道？」

沒有人會希望自己死後落入畜生道、餓鬼道或地獄道，更不忍心親人也落得如此下場，所以很多人終其一生活得戰戰兢兢，不敢有半點行為差錯，就怕死後遭到審判，還一天到晚為家人擔憂。

我很不喜歡東方傳統宗教為死後世界蒙上的那層神祕面紗，西方宗教在傳達愛的部分非常好，但他們的生死觀還是讓我很不以為然：為什麼一定要受洗入教，才能上天堂，不入教的人就會下地獄？難道非我族類，上帝就不管不救了嗎？那也未免太霸道了吧？沒有一種可以超越宗教的死亡說法嗎？

很多受西方科學教育的人認為，人死後就不存在了，這是一種很可怕的思維——人類只在宇宙中毫無意義地出現，又莫名其妙地歸於虛無？如此一來人的一生算什麼？又有什麼價值？

我相信輪迴與宗教無關，也相信人的生老病死都有宇宙的美意在其中，所以才想寫這麼一本書，告訴人們：人在臨終時會出現什麼狀況、什麼是譫妄狀態、死後會遭遇什麼事、死了多久之後會回到地球重新進入輪迴等等。我希望這本書能成為死後世界的導覽，讓活著的人有機會做好準備。

就像我們要去台北玩，有人會去看一〇一大樓，有人會去逛中正紀念堂，有人會探訪觀光客到不了的地方，但這就不是跟團，而是自由行了。每個人往生之後的經歷也不一樣，有人跟團，但更多人是自由行，兩者雖然不同，但也有一般規則可循。

很多人以為死後會有很多懲罰在等著自己，但其實從頭到尾都沒有任何懲罰。賽斯說，死後世界會有嚮導，你不用擔心自己何去何從，嚮導一般分兩類，第一類是還活在地球上的人，藉由靈魂出體擔任嚮導的工作，第二類是一直待在死後世界，累世都在接引並輔導亡靈訓練的靈魂，他們會陪伴往生者度過初死的恐懼與迷惘，為往生者解說他們即將面臨什麼，幫助往生者回憶每一世的生命歷程，為的是學習愛與智慧。

賽斯是想告訴我們，死後的世界絕對比物質世界溫暖快樂，我不是說活在物質世界裡就不快樂，而是人死後會從三次元的身體脫離，回歸到多次元的能量，絕對會比現在更自由自在。

但如果你活著的時候不快樂，被你的三次元意識緊緊綑綁，那麼死後你可能脫離不了那個意識狀態，因而很難快樂。這一點要留意，在你活著的時候，就要讓自己快樂，去感受生命本質的喜悅。

## 人生不是苦海，一切的創造都來自喜悅

賽斯心法跟傳統宗教認為「人生是苦海」的觀念大不相同，傳統宗教會這樣主張，其實是一種方便說法，就跟父母會對孩子說「你現在如果不好好讀書，將來長大就會當乞丐」一樣，目的是為了鼓勵你修行，習得生命的智慧，卻讓世人誤以為生命本質是痛苦的，如果讓這樣的錯誤觀念深植腦海，那你這輩子

就真有吃不完的苦頭。

所以「喜悅：成為你自己的光」不是什麼心理激勵課程，而是一種人生哲學、一種基本的量子物理學，更是我所知道最接近宇宙真理的概念。同一件事情可以用樂觀的角度看，也可以用悲觀的角度看，兩者都沒有對錯，這是你的選擇，只是你必須為自己的選擇負責。

賽斯說，宇宙在開始創造一切的時候，首先存在的就是「喜悅」，你看那些新生的嬰兒，什麼都不懂，怎樣都很開心，就連看見自己的大便，也是開心地一掌抓住，感受糞便從指縫被擠出的柔順感，然後發出咯咯咯的笑聲，他只覺得好玩，不會像大人一樣，避之唯恐不及。

小嬰兒對這個世界充滿最多的情緒是——好奇，想探索身邊的一切事物，雖然他可能會跌倒、被燙傷、大哭大鬧，但哭完之後，眼淚還掛在臉上，便又開始笑、開始玩了，他是如此容易地離開痛苦、悲傷，因為他剛自喜悅而來，還沒被這個世界塗上任何的負面色彩。

二〇二〇年十月六日，英國數學物理學家羅傑．彭羅斯（Roger Penrose）

因為對黑洞理論的觀測和研究，獲得了諾貝爾物理學獎。但他也是爭議最大的諾貝爾獎得主，因為他提出了一個科學界的禁忌話題——靈魂存在。他認為生命在隕落後，意識會離開人體，重新回到宇宙之中，以量子的形態存在。

而有一天科學家也將發現，粒子的能量本質不是中立的，而是喜悅的，人類都會知道：宇宙的創造、地球的形成、人類的產生、萬物的運作，即使是人的生老病死，都來自於喜悅的能量，《聖經》裡上帝創造的第一個東西就是無所不在的光，那就是喜悅的能量。

我一直很推崇一部美國電影《在天堂遇見的五個人》，男主角艾迪是個遊樂場的維修工人，他年輕時在菲律賓當兵，膝蓋不幸被子彈打穿，從此成了走路一跛一跛的瘸子，頹靡喪志的艾迪終日埋怨自己、家人，懷疑自己活在世上的意義，直到有一天他在遊樂場意外身亡。

艾迪死後發現自己回復到童年的體力，整個人都輕鬆起來，他低頭察看自己的跛腳，發現膝蓋上的疤痕已經不見了，他丟掉了拐杖，開心地又跑又叫，死後的他內心充滿了喜悅，再也沒有病痛。

無論是中風、殘廢、骨折、臥病在床、老年癡呆等等，所有生病之人往生後的第一個感覺都是輕鬆喜悅，他們會覺得奇怪：「我的病怎麼都好了？」「我怎麼突然變年輕了？」「我本來不能跑步，怎麼現在能跑了？還跑得挺快的？」如果你往生後發現許醫師騙人，儘管來找我算帳，我說過的話一定負責！

我們是不生不滅、不增不減、不垢不淨的靈魂本體，靈魂一旦存在，就只有形式的轉換，其基本能量不能被收回，因為能量本身是不滅的。身為靈魂的你會來地球輪迴轉世，不是因為你有業障、你有原罪、你被懲罰或你比較低等，所以來當人類。你是帶著喜悅來到地球體驗三次元生命型態的，你要透過肉身，在每天的生活當中感受愛與被愛、生離死別、生老病死。

喜悅是生命的本質，《超靈七號》一書也曾說過，是喜悅先存在，生命才存在、地球才存在、太陽系才存在。而地球也因此開始有了陸地和海洋，所以萬事萬物都是喜悅的，即使是秋天凋零的落葉、冬天枯萎的樹枝，也是喜悅的，它們只是轉換了生命的型態而已。

如果你感受不到喜悅，那就表示你的生命開始迷失了，但就算你覺得生命充滿了痛苦與悲傷，那痛苦與悲傷也是由宇宙喜悅的能量所提供的，當你有一天結束了輪迴，你會發現人生的苦不過是幻相，那些苦其實是一種執著、一種鑽牛角尖、一種放不下、一種想不開，但只要你放下了執著、超越了想不開，所有負面能量就會轉化為喜悅的能量，讓你用來無限制地創造，不論是親密的關係、美滿的家庭、富足的生活、發揮自己的才能、幫助更多的人、讓生命更有意義等，都可以輕鬆創造出來。

## 人生的喜怒哀樂，都是喜悅能量的運作

記得有一年，我到北京參加《中國好心靈》節目為期四天的錄影，由於那是一個公益性質的推廣活動，製作單位沒付給我任何演出費，就連機票錢、住宿費都要自己付。

第一天早上，我七點多就到攝影棚化妝，等了老半天才開機。棚內有五部攝影機、兩位主持人，其中一位主持人由台灣的導播兼任，還有一位委託人，

會講述自己或親朋好友的生命故事，加上四到五個人的心靈陪伴團，以及五個年輕人組成的樂團，一路錄影到晚上八、九點。

當時攝影棚內的溫度是二十六度，外面氣溫卻是四、五度，溫差大得讓人吃不消，第一天錄影結束時，我罵自己神經病，沒事幹嘛跑來北京虐待自己，當下很想立刻逃回台灣。

未料到了第二天錄影，我居然開始覺得好玩了，錄影時間變得飛快，主持人、來賓聊得十分盡興。那是第一次有專家將身心靈觀念帶到中國，而這個節目將會在全中國播出，想想就很有成就感！就這樣錄了整整四天，雖然充實卻累得跟狗一樣，後來主持人良心發現，將他三天的主持費三千塊人民幣捐給了基金會，總算讓人有不虛此行之感。

我不知道這個節目的迴響如何，也不管推廣效果如何，因為對我來說，「推廣賽斯思想」本身就是我的樂趣，在這個過程中我已獲得很多喜悅。錄影結束後，我還問女主持人：「妳有沒有覺得我實在不應該當醫生，應該進娛樂圈當演藝人員？」女主持人點頭如搗蒜：「對，許老師，你實在應該要走演藝路線。」「好，那我現在立刻改行！」「沒問題！我來當許老師的助理，幫忙展開您在大陸的演藝事業！」說完兩人相視大笑。

看似辛勞沒報酬的苦差事，真正經歷之後卻發現樂趣無窮，最後還有實質的金錢回饋，是不是很出人意料？其實人生中的每個事件、每次喜怒哀樂，甚至輪迴轉世，都是一種喜悅能量運作的過程。就像蝴蝶得經過毛毛蟲和蛹的階段，破繭而出，才能化為艷麗奪目的彩蝶，靈魂投生為人也是一個階段、一種學習的過程，或許歷經各種苦難與挑戰，但一路仍是帶著喜樂的能量。

## 學會做自己，為自己負責

有一年，我看到一則新聞：聽說吃魚會變聰明，有對父母因此每個月都買很多深海魚給女兒吃，後來小女孩開始有噁心、嘔吐、肚痛，最後送醫急救，一驗血發現小女孩血液中汞濃度超過正常值的四十倍，後來專家指出，一個禮拜不要吃深海魚超過兩次以上，因為深海魚含有高濃度的汞。

台大醫院有三百位四十五歲以上的主治醫生接受例行健康檢查，結果查出其中十四位醫生患有癌症，十二個肺癌、兩個乳癌，而這些醫生之前渾然不知。我們以為最健康的行業，從業人員的罹癌率竟然比一般人高十到二十倍。

類似的新聞層出不窮，讓人如何活得安心？即便戰戰兢兢地護著自己幾十年，最後還是可能死於病痛或災難中，人活著究竟有什麼意義？又到底在追求些什麼？

舊有思維無法回答這些問題或應付新的突發事件，這也是我一直想要推廣心靈革命的原因，不是要革別人的命，而是要從自身做起，讓自己打從心裡快樂起來，明白生命的意義與追求，並且散播這樣的思想，讓更多人感受到生命的喜悅。

想要快樂和喜悅，就要先學會「做自己」，生命就是要表達、就是要展現，每個人都應該勇敢說出心裡話，如同賽斯說的：「要追隨你內在的天性到天涯海角，它必將不負於你。」但「做自己」不是口號，也不是跟家人吵吵鬧鬧、硬要爭取什麼，而是認識自己的力量、拿回自己的力量。

你要相信自己是有力量的，你的信念可以創造你要的實相，所有的創造都帶著喜悅的能量；你有能力召喚疾病，也有能力讓疾病離開，你能透過你內在的小宇宙改變自己的命運。

多數人其實是害怕為自己負責的，所以「做自己」也包含為自己承擔。記得有一年，我在大陸開工作坊，有位學員問我：「許老師，為什麼我參加了這麼多工作坊，上了很多名師的成功學、激勵課程，花了那麼多時間金錢，到現在都還沒有成功呢？」我回答：「因為你都在用別人的方法，你沒有找到自己的方法，成為自己的光。」

身心靈的學習不是在學方法，而是你聽懂了老師的方法、了解了這套哲學的涵義，消化吸收、融會貫通，最後變成你自己的方法。但為什麼很多人找不出屬於自己的方法呢？因為他們害怕承擔責任，如果他們失敗了，就可以說：「這是老師教我的方法，現在我沒成功，是老師的錯，不是我的錯。」

我處理過很多酗酒、憂鬱症個案，他們患病的內在原因都是：逃避承擔責任、害怕做錯事、害怕被指責。但我要告訴你，身心靈的學習就是從你「願意負責」開始，不是對別人負責，而是對你自己負責。

我曾經聽過一個故事，鴻海的工程師寫信給郭台銘：「你賺了這麼多錢，為什麼最後爆肝的是我們，而不是你？」郭台銘回覆他：「因為我願意承擔，當年我選擇創業，冒著一無所有的風險，投入我所有的財產。而你只是一個工程師，只要找工作上班就行了，哪天公司倒了，也是老闆的事，不干你的事，你只要再換一家公司就行了，你不用擔風險、不用扛責任，你不會賭上你所有的財產，而我敢擔風險、扛責任，就算失敗，我也甘願失去所有，你能嗎？」所以不是每個人都能當老闆的，如果你還沒準備好承擔一切責任，就千萬不要創業當老闆。

當你決定為自己負責時，宇宙就會給你更多的能力，看看社會上那些知名的成功人士，他們都有一個特質：能為自己做主、為自己負責，並勇於承擔責任，過程中即使犯錯，也能在錯誤中學習與成長。

## 為自己做主，成為自己生命中的光

有一天，有對兄妹來看我的門診，兄妹的媽媽今年七十四歲，已經老年癡呆兩三年了，最近嚷著胃不舒服，於是哥哥帶媽媽去醫院做檢查，結果被查出患有胃癌，醫生問家屬要不要開刀，哥哥主張不開刀，因為他覺得媽媽年紀大了，不想讓她再受開刀之苦，希望能做另類治療。

妹妹卻有不一樣的意見：「媽媽才七十四歲，哪算老？現在醫生已經診斷出有胃癌了，該開刀就要開刀啊！」妹妹想走正統醫學的路線，與哥哥兩人意見不合，最後吵到我這邊來，要我做主，我說：「我建議讓你媽媽自己做主。」哥哥苦著臉說：「可是我媽媽已經老年癡呆了，怎麼可能為自己做主？」我說：「先不要預設立場，你把媽媽帶過來再說。」「可是萬一她接受不了怎麼辦？」「我不會那麼笨啦，難道我還能在她一走進來，就會對她說『妳得了胃癌，要不要開刀妳自己決定』嗎？」

哥哥還是猶豫不決，我勸他：「如果有一天媽媽知道自己得了胃癌、你沒讓她接受傳統治療，怪你為什麼不告訴她、不讓她開刀，那你怎麼辦？或者你不告訴她，就帶她去開刀，開完刀打化療，她問你怎麼回事，你要怎麼解釋？如果她怪你害她割了胃、害她不舒服，你又要怎麼辦？你要負責嗎？你能為別人負責嗎？」

任何人都無法為別人負責，你要你的孩子念醫科、念理科、念你認為有前途的科系，可萬一他將來還是找不到工作，你要怎麼辦？你以為念了醫學院，將來當上醫師就前程遠大了，可是你知道嗎？以前醫學院的「內外婦兒」科（也就是內科、外科、婦產科、小兒科）最是熱門，但現在「內外婦兒」卻被稱為「四大皆空」，因為一天到晚被告醫療疏失，所以當了醫生就真的一輩子不愁吃穿嗎？

後來兄妹倆的媽媽來看診了，我問她：「聽說妳的胃最近不舒服，有做胃鏡檢查？」媽媽抱怨說：「對啊！那個胃鏡伸進去，真的有夠不舒服。」然後說了一堆自己怎麼做檢查的經過。

我聽完後問她：「現在胃鏡檢查完了，妳有沒有問醫生結果是什麼？」這時候媽媽就完全不癡呆了。你不要以為老人癡呆就一直癡呆，他是不想知道的事才會癡呆，遇到想知道的事，就立刻清醒了過來，就像有些重聽的人平常都聽不見，可只要你罵他，再遠他都聽得見。

媽媽說：「許醫師，我老實告訴你，我看他們的表情和眼神，加上今天又帶我過來看你，我大概也知道是胃長了不好的東西。」為了瞞著媽媽罹癌的惡耗，全家人演戲演成一團，結果媽媽早就知道了，你說好不好笑？

既然如此，我就大膽問了：「妳的確得了胃癌，妳兒子捨不得妳開刀受苦，希望妳能接受另類療法，但妳女兒覺得妳還年輕，希望開刀治療，他們都很愛妳，卻因為這件事吵到快打起來了，那妳自己想怎麼辦？」

媽媽很清醒地說：「我才不要開刀呢！」我再次確認：「妳真的明白妳在說什麼嗎？」

其實我跟這位媽媽的關係有點微妙，她之前來看我的診時，我就曾對她說：「我知道妳根本就沒有那麼癡呆，妳只是覺得癡呆的話，日子比較好過，對吧？」她聽了以後，立刻給了我一個犀利的眼神，一副祕密被揭穿的惱羞成怒模樣。

這位媽媽會想癡呆度日是有原因的，她的媳婦不會說閩南語，每天早上跟她請個安就出門上班去了，回家之後也無法跟婆婆有什麼互動，兒子則因為工作忙也很少在家，媽媽其實很寂寞，很多話都放在心裡，也許有傷心、也許有委屈，卻都不敢對兒子說，所以她有點在裝快樂，其實內心很想得到家人的愛和兒子的陪伴，畢竟媳婦是外人，又跟她語言不通，很難有什麼交流。

在這個媽媽癡呆的背後，蘊藏著深刻的母愛，因為她不想讓兒子難做人，便把所有的苦都放在自己心裡，只有讓自己癡呆、萬事遺忘才好過日子。被我揭破後，她激動地握著我的手說：「全世界只有許醫師最了解我。」

那天，我告訴她：「妳不用急著做決定，今天至少妳知道狀況了，我只是要妳知道，妳可以為自己做主，因為命是妳的，沒人能幫妳做主，妳不想用傳統西醫的治療方式，也不是不可以，妳回去跟小孩開個家庭會議再做決定。」

我在這個媽媽身上看到了一個人內在潛意識的變化，其實如果呆呆笨笨的，就能忘掉所有的不快樂，那也挺好的，只是會有個副作用：你會被診斷患有老年癡呆症。當一個人一心想忘掉不快樂的事，很多記憶也會變得模糊起來。

我知道有些子女很孝順，很多事都會為父母做主，但他們的決定卻未必是父母想要的，而我所做的就是重新喚起這個家庭的愛，讓這個老媽媽為自己做主。根據醫學統計，一個願意為自己做主的人，通常活得比較健康快樂，因為他是有力量的。

我們是來地球出差、旅遊、學習、考察兼玩耍的實習神明，我們來自喜悅，也終將歸於喜悅，為自己負責，成為自己生命中的光，就是我們今生最重要的使命。

## 《與賽斯對話》告訴你如何活出喜悅

《靈魂永生》、《個人與實相的本質》是賽斯自己寫的書。而《與賽斯對話》則是賽斯的學生蘇・M・華京斯寫的書，這本書非常好看，它記錄了賽斯在一九六〇年上課的現場實況，是理解賽斯思想很重要的參考書。我想分享《與賽斯對話》的一段內容——

華倫：「賽斯。」

賽斯：「我親愛的朋友。」

華倫：「一切萬有知道他自己身為我們的那一個部分嗎？」

也就是說，每個人都是一切萬有的一部分，基督教沒有講出所有的真理，人不只是上帝創造的，而是從上帝來的，人身上流著一切萬有、造物主的能量。所以上帝不只是造人，人的身上也有著上帝的光。佛教徒說「佛光普照」，佛光在佛的身上，但若以身心靈觀念來說，佛光也在人的身上。

賽斯：「一切萬有的確知道他自己或他本身，也意識到身為你們的他自己。」

所以一切萬有知道他自己，也知道每個人的存在、知道每個人都是他的一部分，以及他在每個人的裡面。

華倫：「有沒有一個送我們出去的部分，類似一切萬有知道我們每個當下的每個部分？」

賽斯：「的確有。」

所謂的「萬物」不只是人類，而是所有的一切，包括你現在看到的這本書、你面前的這張桌子，包括一隻螞蟻、一隻蝴蝶、一片葉子、一棵樹、一座山等等，都是從宇宙神聖能量而來的。而送出這份神聖能量的一切萬有，的確知道我們當下的每一個部分。

華倫：「有沒有什麼方法可以讓我們覺察到送我們出去的那個部分？」

賽斯：「當然有。」

華倫：「是什麼？」

賽斯：「認識你自己。」

當你認識你自己之後，你就會明白你是從一切萬有的光而來的，所以我們都是從光而來的，我說的不是肉眼可見的光，也不是Gamma射線或Beta射線，而是出自造物主、形成宇宙萬物的愛與智慧能量，而人類終其一生都在尋找內在的那個光。

只要你開始愛自己、肯定自己、找到生命中的喜悅，你就是尋著了光、傳遞了光，你就能成為宇宙中的發光者。不要覺得不可能，你看賽斯夠法力無邊了吧？但他已經脫離了地球輪迴，只有還在地球輪迴的我們，能以人類做得到而賽斯做不到的方式，去幫助我們身邊的人。當你綻放內在的光，周遭的人就會因你而不同。

《與賽斯對話》的第三五八頁寫到，有一個正在做化療的癌症患者去參加賽斯的課程，醫生說他只能再活幾個月了。

賽斯跟他說：「你有你自己的名字，在你存在的喜悅中宣告它吧！如果你想要活在生命力跟喜樂之中，那麼你的名字比任何一組症狀診斷名稱更為重要。」你的名字比你有沒有得到白血病、惡性肉瘤、乳癌等等的更重要，你有沒有大聲叫出你的名字？還是你被疾病的名稱擊潰了？

「因為那個症狀沒有你擁有的那種實相，你發光的健全認得這裡的你，所以就接受了你存在的生命力。請一遍又一遍地說出你的名字，因為你的名字是在這個時間這個空間給你的名字，相反地，不要接受疾病的名稱。」所以不要被貼標籤，也不要被疾病嚇到。

「你在其中似乎會失去了你的本體跟力量，不要在這些智慧面前膽怯，你的健全、你的美麗跟你的力量認得這裡的你，而且永遠認得你。因此不要看起來病懨懨的，忘記只會拼出來的悲慘的思想，堅稱你存在的生命力。」不管你今年是八歲還是八十歲，你的健全、美麗、力量都會認得你。

有一年，有個年輕人坐著輪椅來找我，他被診斷出有惡性腦瘤，醫學中心宣告他只剩四個月的生命，我跟他說：「許醫師和賽斯不能保證你一定活得下去，因為我不是神，但我願意喚起你心中的光，如果你相信醫學中心說你只剩下四個月的生命，那你就真的只能再活四個月，但我相信生命有奇蹟。」

年輕人的爸爸在他之後，也被診斷出有惡性腦瘤，我跟年輕人的媽媽說：「妳家裡的能量和磁場不對，你們被負面和恐懼的能量擊倒了，就算你們家再有錢，家中若長期充滿負面的能量，住在裡頭的人早晚會生病。你們必須藉由正面和喜樂的能量，改變你們家的磁場和氛圍。」後來他們一家開始試著認識賽斯思想，四個月過去了，年輕人依舊活得好好的。

當你回到生命的喜悅健全，當你成為你自己的光，你就有機會擊敗任何的疾病，我並不是給你一個空泛的期待，而是你身上有光，光可以進行療癒，所以你可以創造自己的奇蹟，只要把握生命中的每一天，大聲說出你的愛。

那要如何活出喜悅呢？第一，你可以享受感官之美，享受眼耳鼻舌身為你帶來的快樂，所以到大自然去走一走吧，去看、去聽、去聞、去感受大自然的生命力。第二，去感受與身體互動的美，感受自己身體的能量與活力，去運動、去奔跑、去跳舞，讓自己的身體動起來。第三，感受存在之美，肉體雖然有死去的一天，但肉體的本質卻是喜悅的。第四，感受情感能量之美，去享受愛的交流，就算你有恨，也請讓恨的能量流動，因為恨來自愛，讓你所有的情感都在身體上流動吧！第五，感受思考的喜悅，讀一本書、畫一幅畫、聽一段音樂、看一場電影都行。第六，感受創造力的喜悅、與心靈連結的喜悅、認識自己的喜悅、成為自己的光的喜悅，然後用這靈性的光照亮自己、照亮你身邊的所有人。

Chapter 12

# 感恩

## 擁抱我們的世界

人活於世，能安穩度日，靠的都不只是自己一個人，還有那些知名、不知名的人在支持著我們，也許我們不常想起、甚至不知道他們是誰，但我們仍應心懷感激，而不是理所當然地享受著一切。

有一年，我在中正紀念堂演講，住在高雄的王怡仁醫師正好北上為新書宣傳，也來到演講會場聽講，我當然要趁機請他上台說幾句話，他就當天的演講題目〈感恩：擁抱我們的世界〉，說了以下這段話——

我個人覺得「感恩」在台灣已經變成一種浮濫的口頭禪、一種沒人相信的字眼，幾乎跟「呷飽沒」、「Hello」、「卡哇伊」差不多了。

不是什麼事都要用到這兩個字，「感恩」最主要的定義是「去看見我們所擁有的東西」。只是目前我們動不動就掛在嘴邊的「感恩」往往是：都在要求別人感恩，自己都沒有在感恩。不信的話，我告訴你一個數據，根據兒福聯盟的調查，台灣家長普遍覺得小朋友最大的問題就是「不知感恩」。

很可惜沒有人調查小朋友的感想，不過我想答案也差不多，小孩也覺得大人全都「不知感恩」。因為人都只會覺得「只要我對你付出，你就應該對我感恩」。

就像現在，你有沒有想過，為什麼你能坐在這裡聽許醫師的演講？是因為你老公（老婆）、公婆（爸媽）在家裡帶小孩。那麼在你吸收很多知識的同時，有沒有覺得內心有一股暖流流過？有沒有心想「我老公好棒！在家幫忙帶小孩耶」？就算你老公沒有帶小孩，你有沒有覺得「我家小孩好乖，可以自己在家玩」？

所以我說的「感恩」就是看見自己所擁有的，然後發自內心的一種深深的感動。

「感恩」不是心理學的名詞，也不屬於宗教，而是宇宙的科學定律。如同王醫師講的，人們經常抱怨自己短少什麼，不斷要求別人給予，卻看不見自己已經擁有的；只要有所付出，就希望別人對自己感恩，「感恩」二字就這樣在某些宗教團體裡成了口頭禪。

雖然「感恩」之意被扭曲了，但「感恩」本身沒什麼不對，就看是你要求別人感恩，還是你看到別人為你付出、由衷生出一股感激之情了。

## 能住在友善的台灣，值得你我感恩

台灣一直有許多讓我焦慮的地方，例如土地資源有限、環境的汙染、政治的紛亂等等，有時候我真的很希望人們能有更多的包容，但不包括包容為非作歹之人喔。

幾年前不是爆出黑心廠商的新聞嗎？橄欖油裡沒有橄欖、花生油裡沒有花生、辣椒油裡沒有辣椒。而且一山還有一山高，居然有人買下黑心廠商的橄欖油，稀釋裝瓶後再賣出，甚至有個胡麻油的廠商跳出來大放厥詞：「你們又要油質純正，又要價格便宜，叫我們賺什麼？我們今天會這麼做，都是你們這些消費者逼的啦！」

那個廠商在鏡頭前指著觀眾大罵，卻忘了自己一根手指頭指著別人時，四根手指頭是指著他自己的。我一直不明白社會上為何有這麼多人喜歡攻擊、謾罵別人？雖然犯法是不應該的，但很多人好像覺得指責犯罪者，就表示自己很清白高尚，不知道這是什麼邏輯。

《聖經》裡有一則很有名的小故事：法學士和法利塞人將一個犯姦淫罪的婦人帶到聖殿，並對耶穌說：「依照梅瑟法律，應該用石頭砸死這樣的婦人。」耶穌看向殿中眾人，淡然地說：「你們當中誰沒有罪，誰就拿石頭砸她吧。」眾人面面相覷，接著一個一個離開，沒有任何人拿石頭砸向婦人，最後誰也沒有定那位婦人的罪。

所以誰又能理直氣壯地批評攻擊別人、對別人未審先判，然後覺得自己就是正義的化身？難道我們一點過錯都不曾犯過嗎？可是根據統計調查，愈是強烈指責他人的人，本身愈是見不得人，因為從心理學的角度來說，這就是一種嫉妒的酸葡萄心理，不代表這個人正直善良到哪裡去。

雖然如此，但台灣卻是一個充滿人情味的國家，如果你曾經出國旅遊或移民到國外，你會發現全世界很少有一個地方、一群人，像台灣人這樣對人如此友善，且本性善良。

記得我有個大陸學員去高雄旅遊，有天晚上他想去六合夜市逛逛，因為不知道怎麼走，就在大街上向當地的機車騎士問路，那位機車騎士一聽他的口音，就知道他是觀光客，於是仔細跟他解說了半天，但他還是聽得一頭霧水，結果機車騎士說：「啊，乾脆你坐我的機車，我載你過去啦！」

沒多久，兩人就來到六合夜市門口，我的學員下車後，要掏錢給那位機車騎士，騎士不解問道：「你幹嘛給我錢啊？」

大陸學員說：「我謝謝你啊。」

騎士回說：「我們台灣沒有這樣子的。我給你指路是我的善意，如果我指的路你聽不懂，我方便的話，就直接載你到目的地，我們不會因為這樣就跟人家收錢。」

身在台灣的你，可能對這種情形習以為常，可我那個大陸學員卻覺得不可思議。

還有一次，我們基金會在大陸的田主任和祕書來台參訪，那天我們一行人要坐火車南下，他前一天就很緊張地跟我說：「許醫師，我們明天要早點到火車站，至少半小時前一定要到。」

我覺得莫名其妙，便問：「幹嘛那麼早到？」他理所當然地回說：「要排隊啊！」

我說：「坐火車排隊半個小時？沒有啊，我們拿到票就進去了啊。」

「真的嗎？你們台灣人好少喔！真好。」他一臉羨慕道。

後來他們還為部分台灣地區取了很多可愛暱稱，例如：台北叫「人煙稀少」、台中叫「人跡罕至」、花蓮叫「千山鳥飛絕，萬徑人蹤滅，孤舟蓑笠翁，獨釣寒江雪」，一群人聽了，個個笑不可抑。

我太太有個同學在上海工作，有一次，那位同學用FB聯絡我太太，說最近上海和北京的霾害很嚴重，前方十公尺就看不到人，都快不能呼吸了。以前我總是羨慕大陸土地廣大，沒想到當土地住滿人類時，竟然再也無法呼吸。有一天當你發現自己不能呼吸時，才會發現老天給了我們多大的恩惠。

相較於中國大陸，台灣是個人口少、住起來舒服的國家，四周又是大海，中央山脈占地這麼廣，卻不能開發，真好！我不是往自個兒臉上貼金，而是有事實根據的，在一項二〇二三年的「全球旅外人士對移居地好感度」調查中，台灣在一七一個國家中名列第五，是不是很厲害？

茫茫人海中，你不是出生在貧瘠潦倒或戰火綿延的國家，而是投生到台灣這平和友善的國度，並在這裡平安地長大，你不覺得自己很幸運，這一切很值得感謝嗎？

## 地球為什麼會出現地震？

曾經有個學員問賽斯：「世上為何有地震？」賽斯說：「因為地震會讓人類察覺到，原來頂著他們的東西是活的，原來地球是有生命的。」因為人類總是在地面上愉快地活動著，任意地挖水池、建捷運、蓋大樓等等，從未想過地球是活的，當我們傷害它時，它也會發出哀嚎，當它不舒服時，也會想翻個身動一動。

若沒有地球的不動如山、承受萬事萬物的變化，人類如何能安居樂業？又何來的台北一〇一大樓？就算你有錢、有再多的不動產，也早就倒光光了好嗎？而現在也不可能在一個安全的環境下，平靜地讀著這本書了。

但對於「地球是活的，它需要呼吸、需要新陳代謝、需要被用愛對待」這件事，人類卻多半是從頭到尾無感，如果我們沒有意識到自己是站在一個活的地球上，又如何懂得感恩？所以地球才要偶爾動一下，讓人類察覺到自己腳下踩的是一個活物，必須付出心力好好對待它。

當我看到賽斯在談地震的章節時，真的非常詫異，在我還沒讀賽斯書以前，我是絕不可能用這個角度去思考地震的意義的。

## 萬事萬物皆有宇宙做安排

老實說，《夢、進化與價值完成》是賽斯書裡一部很難懂的作品，主要在講創世紀之事，例如宇宙、地球是怎麼形成的，地球最早的生物又是怎麼出現的等等。而賽斯在這本書裡講了許多讓我印象深刻的話，例如：生活是容易的，呼吸是容易的，醒著、睡著是容易的，要活得快樂是容易的，健康是輕而易舉的，要活出自我並不困難。

我想這些事對大部分人來說，都不是容易的吧？那賽斯為什麼這麼說？那是因為所有的豐盛、人體的健康、人內在的運作、天體運行日升月落等萬事萬物，宇宙都已經做好了安排。

想想看，你只要負責吸氣，空氣就會進到你的肺部，只要負責喝水，身體就會把多餘的水分變成尿液排出去，只要負責吃東西，身體自然把多餘的食物變成大便拉出去。你負責的部分還真不多，整個身體最複雜艱難的運作都已經安排好了，所有一切必要的內在工作，也全都為人類準備好了。

我是一個醫生，我看過組織學的心臟切片，知道心臟的細胞長什麼樣子，具有基本的心臟病理學跟心理學知識，可我真的不知道心臟為什麼會跳動，也不知道是誰讓它跳動的。

你呢？你知道是誰讓你的心臟跳動、讓你的腸胃蠕動？又是誰讓四季變換、日月運行？是科學嗎？顯然不是，世上是先有了感恩與信任，生命才得以存在。

賽斯說「信念創造實相」，可你有沒有想過，為什麼人有了信念就能創造出實相？是誰主導了這件事，讓一切變得有可能？在人類的世界裡，任何的付出都必須有回報，但你可曾想過，你能心想事成該感謝老天？大自然為人類做這麼多事，請問它又得了什麼回報？地球天天繞著太陽跑，平均速度約每秒三十公里，數萬年如一日從未停歇，你感謝它了嗎？

人類自認是生物金字塔頂端的萬物之靈，卻忘了辛苦撐著頂端的底部，沒有廣大的底部，又何來窄小金貴的頂端？

## 放下自我與執著，看到宇宙的存在和運作

基督徒總是動不動就說「感謝主」，這讓很多非教徒者很不以為然：「為什麼要感謝上帝？祂做了什麼？祂創造宇宙天地之後，拍拍屁股就走了，我受苦受難的時候，祂在哪裡？我的親人罹患不治之症時，祂又在哪裡？」卻從未想過，他能這麼肆無忌憚地發牢騷，是誰給的機會、誰給的權利。

我想起有一次我在《國家地理頻道》看到一個節目，談到台灣是太平洋很

重要的一個捕魚國家，但台灣漁船現在不在台灣近海捕魚，許多遠洋漁船都開到公海上捕魚了，因為台灣近海已經沒有什麼魚可捕，那一刻我有種恍然大悟的感覺，原來海裡的魚是會被捕光的。

就像有個個案曾經跟我哭訴：「許醫師，以前我媽媽還在的時候，我都以為衣服是自動洗好的，以為回到家餐桌是自動擺著飯菜的，以為西瓜會自動裂成好幾片、蘋果會自己削皮切片、冬夜天冷棉被會自動蓋到我身上，直到有一天，媽媽過世了，才知道原來這些事都是媽媽在做，以前從來沒有感受到，只看到媽媽做的不足的地方。」人總是在失去之後，才懂得珍惜，也才驚覺自己過去的不感恩。

再拿我去北京上節目一事來說，雖然我是該節目的第一男主角，但我也需要化妝師幫我化好妝、燈光師幫我調好光、導播幫我注意現場所有狀況，我能夠成功在電視上亮相，是有無數人幫我撐起了這一切。

人活於世，能安穩度日，靠的都不只是自己一個人，還有那些知名、不知名的人在支持著我們，也許我們不常想起、甚至不知道他們是誰，但我們仍應心懷感激，而不是理所當然地享受著一切。

是的，我肯定每個人的努力與付出，但也常對心懷不平的人說：「你告訴我，誰欠了你？又欠了你什麼？讓你心中如此不平，充滿怨恨與憤怒？」世上沒人對不起你，因為在人生的道路上，你從來都不是孤軍奮戰，光是你存在的本身，就已得到無數宇宙、大自然、眾人有形無形的愛的互助合作力量，你又怎能認為這個世界虧欠於你？

也有人將「感恩」當做是一種有禮貌的行為，事實上它遠不只如此，感恩是源自於一種「明白」，明白你的存在，包括有形的肉身、呼吸、心跳，無形的意識、思想、性格等，都有宇宙龐大的運作在支撐著，所以你才能呼吸行走、做你想做的事、過你想過的日子，可以哭、可以笑、可以開心、可以發脾氣，你的存在絕對不只靠著你的肉身與自我意識而已。

所以「感恩」是放下我們的自我與執著，看到宇宙的存在和運作、愛的互助合作，以及與那創造一切的源頭合而為一的過程，是整個人類自我意識的擴展，從一個渺小、卑微、充滿無力感的孤單人類，到看見自己是被整個地球、被大地之母的能量所呵護。

## 擁抱物質世界，才能發現其背後的心靈力量

很多宗教的靈修都要信徒遠離世俗，認為物質世界不可取，當與紅塵保持距離以策安全。但賽斯心法卻剛好相反，賽斯說：如果你不能用眼耳鼻舌身去領略這個世界的美，如果你不能在俗世中感受親情、愛情、友情這種強烈的愛，以及人與人之間的互相珍惜與體諒，如果你無法欣賞大自然之美，如果你不曾珍視這塊生養你的土地，如果你沒有用力擁抱過這個世界，你就不能理解世間萬物是充滿智慧的宇宙所創造出來的。

就像你這輩子如果沒有認真的愛過一個人，你能說你懂得愛嗎？很多人害怕受傷，以至於一生從來沒有真正愛過，徒留遺憾在人間。所以賽斯心法才會教導人們：每個人都要腳踏實地地過日子，都要鼓起勇氣、不怕受傷地去追求愛，都要深深擁抱你的居住之地，不管你住在哪裡，台灣、美國、非洲、南北

極，盡皆如此。

所以不要聽信那些要你別追求物質的宗教或信仰，請你將「追求物質」發揮到淋漓盡致，並且要盡己所能、用你的眼耳鼻舌身去探索生命的一切，對這個世界抱著高度好奇，全力以赴地進入它，感受這個世界帶給你的感官享受，並熱愛其中的一切。

很多人聽到以上言論，恐怕會跌破眼鏡：「許醫師，我們學身心靈的人，不就是要拋棄物質、遠離物欲嗎？」不，正好完全相反，賽斯說過，我們投胎到人間，就是藉由肉體、眼耳鼻舌身被物質幻相所吸引，去感受與擴展靈魂想要的經驗。

於是當你奮不顧身地追求物欲，追求到一個極致之時，你會發現物質讓你的心靈很空虛，而物質背後的心靈能量才是你真正想要的東西。如果你遠離物質，那你也將遠離精神，因為精神就藏在物質的背後。

你會知道原來過去你只看到表象，沒有看到真實的本質，這時你才會開始不再執著於物質。沒有這個過程的歷練，你無法得到這樣的體會。

很多人以為遠離物質，就能找到精神，以為精神是在物質的另外一邊，以為物質和精神是對立且分開的，以為陷入物質的追求，心靈就會跟著迷失，因此所有的修行法門都會要求你遠離物質、擺脫物欲，偏偏整個世界都要你追隨物質，買名牌、買賓士、買柏金包，買個沒完沒了，才會搞得這個世界精神錯亂。

我也曾經處於這樣的迷亂之中，直到我接觸到賽斯的身心靈觀念，我才終於得知真理。物質的確是一種幻相，但你唯有格物，才能致知，知道物質只是精神的表象，就不會再執著於物質，因為你看到物質背後更偉大的心靈創造力。

賽斯曾經說過一段讓我很感動的話：「如果你們的世界有它的美，你們難道沒有想過，在這個世界展現出來的一切背後，存在著一個更偉大的精神實相嗎？」如果你看到一個平凡的眾生，都有著無私奉獻的精神，你難道不認為那是他背後有這一股更大的神性，以及更偉大的愛與慈悲嗎？

真正的修行絕對是從入世開始，因為沒有入世，就不可能真正地出世。沒有格物就沒有致知，如果你不曾擁抱這個世界，就別跟我談修行，我不信你有多出世、境界有多高、對人生有多少的體會。

## 懂得感恩，才能擁有更多

生命本就有得有失，有時候不是得到，而是學到，你從你的失去中學到了什麼？是經驗、教訓、智慧還是感恩？你是否發現有人為你默默付出？你是否打從心裡感謝這個世界為你做的一切呢？

話說有兩個人向上帝禱告，一個人說：「上帝，祢為什麼不給我錢？為什麼讓我娶不到老婆？為什麼還沒讓我的病好？」另一個人則跟上帝說：「上帝，謝謝祢讓我每天有飯吃，讓我每月都能領到二十二K的薪水，支付我每個月的基本開銷，感謝祢讓我的父母對我很慈愛，感謝祢讓我的街坊鄰居們都能互相照顧。」

如果你是上帝，你看到一個人永遠在抱怨，另一個人擁有得那麼少，卻不斷地向你感恩，那麼當你手上有資源時，你願意先給哪個人？你會不會懷疑如果給了前者，可能會換來更多的抱怨，給自己找更多的麻煩？你會不會好奇後者擁有的那麼少，就已感恩連連了，如果再給他的話，他會開心到什麼程度呢？

當然，我並不是要你虛偽地到處感恩，賽斯也說過，如果你真的無法感恩，那就不要感恩，這種事不必勉強。真的不開心，大可以擺臉色、不理人，沒必要明明一肚子大便，嘴上還硬要說著感謝的話，這不是感激，而是一種潛意識的攻擊，賽斯稱其為「靈性的攻擊」，你的內在正在發出攻擊的能量，這麼做完全沒有必要，人活著就該表裡一致、能量一致。

賽斯心法就是要你盡情地活，讓你個人、你的家人、你的住處、你居住的社區、你工作的地方更溫暖，讓生活其中的人更平安幸福，因為「讓感恩的能量流出去」是我們每個人應盡的責任。

## 身心靈醫學與現代醫學的不同

很多人對身心靈觀念有很大的誤解，以為身心靈醫學就是叫人家不要看醫生、不要開刀、不要吃藥打針，其實並非如此。現代醫學只是根據其基本假設，衍生出一套學說跟運用法門而已。它雖然有用，但它的基本假設和理論基礎卻

「不究竟」。

什麼是「不究竟」？舉例來說，孩子只要有困難或能力不足，父母就一直給他錢和幫助，我不能說這樣是對是錯，但如果父母拚命給孩子錢，是因為他們沒有教會孩子怎麼賺錢，那我會說這對父母做得「不究竟」。

香港首富李嘉誠的長子李澤鉅是自家集團主席兼董事總經理，帶領整個集團走過多年的風雨，他能成為出色的公司領導人，得力於父親李嘉誠的教導與栽培，而李嘉誠正是我認為的「究竟的父親」。

李嘉誠是一個怎樣的人呢？從他對一次綁架事件的面對和處理態度，可窺知一二。一九九六年五月，香港首富李嘉誠的長子李澤鉅被綁架，綁匪張子強腰纏炸彈親自去李家與李嘉誠洽談贖金，勒索港幣二十億，李嘉誠說：「現金只有十億，如果你要，我可以到銀行給你提取。」最後以港幣十億三千八百萬成交，李嘉誠一毛不少地付了錢，還勸他可以拿錢買他們公司的股票做為投資，張子強問他為什麼可以這麼冷靜，李嘉誠說：「是我沒有注意到家人的安全，所以我要付這個學費。」

後來李澤鉅毫髮無損地被送回來，沒多久張子強居然又打電話給李嘉誠，說自己在澳門賭輸了兩千萬，還問李嘉誠：「你教教我，還有什麼是可以保險投資的？」李嘉誠回答：「我只能教你做好人，但你要我做什麼，我不會再做了。你只有一條大路，遠走高飛，不然，你的下場將是很可悲的。」做人誠信到這種地步，也算罕見了，李嘉誠留給兒子的不只億萬家產，還教導他如何在商場上安身立命，這才是真正的賺錢之道。

目前的科學認為宇宙是因為大爆炸偶然形成的，人類這個有機體的生命，也是意外被碰撞而形成的，然後根據達爾文「適者生存，不適者淘汰」的進化論，形成了人類現在的社會。從來沒有一本教科書告訴你：宇宙是由愛的能量所形成的，宇宙創造的背後有一個充滿智慧的造物主。

現代醫學也是科學的一環，它和身心靈醫學不在治療疾病的方法不同，而在各自建立的「基本假設」不同。身心靈醫學的基本假設是：

一、宇宙的創造是有意義的，整個物質宇宙是由心靈能量所形成的，而且這股心靈能量是有智慧的。我沒有宗教信仰，可我相信宇宙有創造者，你要說他是上帝還是佛我都沒有意見。

二、人是因為被祝福而存在的，我們的身體是有智慧的，它不會莫名其妙地生病，而且身體有偉大的自我療癒力，你的所有器官都是有意識、有能量的，因為創造我們的是宇宙最高的智慧。

三、身體是心靈的一面鏡子，藉由了解心靈能量的阻塞，你可以幫助自己的身體痊癒。因為所有疾病背後一定有負面能量在運作，一定有痛苦和不快樂，但你去看醫生時，也就是接觸現代醫學時，又有多少個醫生會認真地跟你討論你為什麼生病？

賽斯在《個人與實相的本質》裡說過：「現在西方醫學醫好的病人數量，跟它害的病人幾乎一樣多。」以前我不懂這句話的意思，後來才發現，醫院蓋得愈多、健保給付的項目愈多、醫療支付愈方便，生病的人就愈多。

我們的醫療體系就是這樣，你生病了，就讓你開刀、打針、吃藥、做化療放療、洗腎等等，你以為自己生病有醫生藥物不斷提供，總有病好的一天，你不知道你有自療的能力，只能不斷與疾病拔河，最終把自己累個半死。

賽斯心法的吸引力法則

現代醫學沒有告訴你的是：身體天生是健康的、身體有偉大的自我療癒力、身體是心靈的一面鏡子。所以你若想要健康，請記得感謝你的身體，因為你的意念、情緒、壓力、感受、想不想活，都會影響你的健康。

影響現代社會最深的的確是科學，但科學背後的基本假設，卻是否定宇宙存在的意義、否定人類基本的生命意義，在這種基本假設之下，也導致了現代人罹患憂鬱症和癌症。憂鬱症和癌症的產生，正是因為病人找不到生命的意義，看不到自己存在的價值，不知道自己是誰，又為什麼要受苦。

所以一個人想要獲得健康，就得先學會感恩，感謝宇宙給你一個身體，感謝宇宙讓你的身體如此平順地運作，感謝大自然提供了一切必需品，滿足了你身體必須的營養，感謝空氣的存在，讓你可以暢快地呼吸，感謝萬物與景觀之美給了你視覺上的享受，你也終將因心靈被洗滌而重獲健康。

賽斯說過，所有人的人格都有一個叫做「Becoming」的基本定律，意思是「變化」，生命每分每秒都在變化，命的能量每分每秒都在流動。有一次，我在三鶯分會上課時，帶了一次冥想，就用到了這個基本定律，我對學員說：「現在想像痛苦無奈、一籌莫展、無法解決問題的你，從你的右手流出去了，你的心靈、宇宙的本質，或像賽斯這種能量人格元素，從你的左手流進來，成為了你，這個新的你有勇氣、有智慧又年輕可愛。」

平時你也可以做這樣的冥想，例如你今天很疲憊，那你就躺下來休息，讓疲倦的自己從右邊離開，讓活力十足、充滿信心、充滿年輕能量的自己，從左邊進來，然後跟宇宙開始一個新的能量循環。

當你覺得自己蠢笨時，請吸引一個有智慧的你，來成為你。當你遇到人生的困難，你要吸引的不是解決之道，而是吸引一個解決問題的你，來成為你。當你感到恐懼不安時，請吸引一個平安喜樂的你，來成為你。你不用去學什麼賺錢的法門，只要讓那個窮酸的自己從右邊離開，讓那個很會賺錢的自己從左邊進來。

我不是要你吸引如何中樂透的方法，而是要你吸引一個幸運的自己，隨時都可以中大獎。我不是要你吸引一個伴侶，而是要你吸引一個能夠找到伴侶的自己。你要讓一個能夠信任感恩的你，來成為你，並跟這個嶄新正面的你，時時處於能量流動的狀態中，這才是真正的究竟之道。

# 愛的推廣辦法

看完這本書，是否激盪出您內心世界的漣漪？

如果您喜歡我們的出版品，願意贊助給更多朋友們閱讀，下列方式建議給您：

1.訂購出版品：如果您願意訂購一千本（印刷的最低印量）以上，我們將很樂意以商品「愛的推廣價」（原售價之65折）回饋給您。

2.贊助行銷推廣費用：如果您認同賽斯文化的理念，願意贊助行銷推廣費用支持我們經營事業，金額達萬元以上者，我們將在下一本新書另闢專頁，標上您的大名以示感謝（每達一萬元以一名稱為限）。

請連絡賽斯文化或財團法人新時代賽斯教育基金會各地分處，我們將盡快為您處理。

## ●愛的連絡處

如果您認同本書的觀念及內容，想要接受我們的協助；如果您十分認同本書的理念，想依循本書的觀念成為一位助人者的角色；如果您樂見本書理念的推廣，而願意提供精神及實質的協助：請與財團法人新時代賽斯教育基金會各地分處連繫：

●台中總會　電話：04-22364612　傳真：04-22366503

E-mail: edu10731@seth.org.tw

台中市北區崇德路一段六三一號A棟十樓之一

●台北辦事處　電話：02-25420855

E-mail: taipei@seth.org.tw

台北市中山區長安東路二段四九號六樓

●新北辦事處　電話：02-26791780

E-mail: xinpei@seth.org.tw

新北市新莊區思源路一七三號十二樓

●新竹辦事處　電話：03-6590339

E-mail: hsinchu@seth.org.tw

新竹縣竹北市嘉豐六路一段九六號二樓

●嘉義辦事處　電話：05-2754886

E-mail: Chiayi@seth.org.tw

嘉義市吳鳳北路三八一號四樓

●台南辦事處　電話：06-2134563

E-mail: tainan@seth.org.tw

台南市中西區開山路二四五號十樓

●高雄辦事處　電話：07-5509312　傳真：07-5509313

E-mail: kaohsiung@seth.org.tw

高雄市前金區中山二路五〇七號四樓

●屏東辦事處　電話：08-7212028　傳真：08-7214703

E-mail: pintong@seth.org.tw

屏東市廣東路一二〇巷二號

●賽斯村 電話：03-8764797 傳真：03-8764317
E-mail: sethvillage@seth.org.tw
花蓮縣鳳林鎮鳳凰路三〇〇號

●賽斯TV 電話：02-28559060
E-mail: sethtv@seth.org.tw
新北市新店區北新路一段二九三號七樓之三

●香港聯絡處 電話：+852-27723644
E-mail: ennoynahc@gmail.com

●深圳市麥田心靈文化產業有限公司 許添盛微信訂閱號：SETH-CN 微信：chinaseth 電話：+86-15712153855

●新加坡賽斯基金會 電話：+6586995765 E-mail: sethsingapore@hotmail.com

●馬來西亞賽斯教育俱樂部 電話：+6019-6685771 E-mail: loveseth.my@gmail.com

●賽斯教育基金會歐洲分會 電話：+32478656779 E-mail: englishsecretary@seth.org.tw

●台灣身心靈全人健康醫學學會 電話：02-22193379 傳真：02-22197106
E-mail: tshm2075@gmail.com
新北市新店區中央七街二六號四樓

賽斯文化　遇見賽斯　每天的生活，都是靈魂的精心創造　You create your own reality

# 賽斯文化網 www.sethtaiwan.com 改版上線新氣象 提供好康與便利

## 優質身心靈網路書店

- 睽違許久的賽斯文化網，爲了提供更方便與完善的服務，終於以嶄新面貌重現江湖囉！電子報亦同時重新改版發行。而賽斯文化電子報，除了繼續每月爲網站會員帶來剛出爐的新書新品訊息，讓大家能以最迅速的方式獲得賽斯心法以及身心靈修行的第一手資訊外，更將增闢讀者投稿專欄，讓大家能共同分享彼此的學習心得與動人的生命故事。
- 只要上網註冊會員，登錄成功後，立即獲贈100點購物點數，購買商品亦可獲贈點數，點數可折抵消費金額使用。另有各種不定期的優惠方案、套裝系列及精美紀念品贈送等活動，如此優惠的價格與好康，只有在賽斯文化網才有，大家千萬不要錯過了！

## 五大優點最佳選擇

- **優惠好康盡掌握**

網站定期推出最新的獨賣優惠方案及套裝系列，可獲最多、最新好康。

- **系列種類最齊全**

最齊全的賽斯心法與許醫師作品系列各類出版品，完整不遺漏。

- **點數累積更划算**

加入會員贈點，每項出版品亦可依價格獲贈累積點數，可折抵購物金額，享有最多優惠。

- **最新訊息零距離**

每月電子報定期出刊，掌握最即時的新品、優惠訊息與書摘、讀書會摘要等好文分享。

- **上網購物最便捷**

線上刷卡、網路ATM等多元付款方式與宅配到府服務，輕鬆又便利。

優質的身心靈網路書店，結合五大優點，是您的最佳選擇。
賽斯文化網址：http://www.sethtaiwan.com/
想接收更多即時的最新消息與分享，歡迎上賽斯文化FB粉絲專頁按讚。

# 心靈的殿堂　賽斯學院
# 需要您慷慨解囊　一起播下愛的種子

**賽斯鼓勵每一個人都應該去建立內在的「心靈城市」...**

賽斯村就是賽斯家族內在的「心靈城市」，就是心中的桃花源，就是我們心靈的故鄉。

在這裡沒有批判，沒有競爭，沒有比較，充滿智慧，每個生病的人來到這裡就能得以療癒，每個失去快樂的人來到這裡就能重獲喜悅，每個生命困頓的人來到這裡就能找到內在的力量，重新創造健康、富足、喜悅、平安的生命品質。

「賽斯村-賽斯學院」由蔡百祐先生捐贈，從心中藍圖到落實為一磚一瓦的具體建築，民國103年第一期工程「魯柏館」及「約瑟館」終於竣工；在這段篳路藍縷的興建過程中，非常感謝長久以來各方的贊助與支持，「賽斯學院的建設計畫」才能順利進行。

第二期工程「賽斯大講堂」即將動工，預估工程款約三仟萬，期盼您的持續贊助與支持~~竭誠感謝您的捐款，將能幫助更多身心困頓的人找回生命的力量！

## 服務項目

◎住宿 ◎露營 ◎簡餐 ◎下午茶 ◎身心靈整體健康觀講座 ◎身心靈成長工作坊
◎賽斯資料課程及讀書會 ◎個別心靈對話 ◎全球視訊課程連線
◎企業團體教育訓練 ◎社會服務

**捐款方式**

一、匯款帳號：006-03-500435-0　　銀行：國泰世華銀行　台中分行
　　戶名：財團法人新時代賽斯教育基金會

二、凡捐款三仟元以上，即贈送「賽斯家族會員卡」一張，以茲感謝。
（持賽斯家族卡至賽斯村住宿及在基金會各分處購買書籍書、ＣＤ皆享有優惠）

地址：花蓮縣鳳林鎮鳳凰路300號　　電話：(03)8764-797
http：// www.seth.org.tw/sethvillage　　Mail：sethvillage@seth.org.tw

心情。筆記

Note

心情。筆記

Note

心情。筆記

Note

心情。筆記

Note

心情。筆記

Note

心情。筆記

Note

心情。筆記

Note

心情。筆記

Note

國家圖書館出版品預行編目（CIP）資料

美麗心世界 / 許添盛口述；齊世芳執筆. -- 初版. --
新北市：賽斯文化事業有限公司, 2025.05

面；公分. -- (許醫師作品；48)

ISBN 978-626-7332-99-3(平裝)

1.CST：自我實現 2.CST：自我肯定

177.2 114002658